U0737340

探索与构建

我国公共政策评估体系

李蕾 著

中国言实出版社

图书在版编目(CIP)数据

我国公共政策评估体系探索与构建 / 李蕾著 . -- 北京 : 中国言实出版社，2022.8
ISBN 978-7-5171-4201-0

Ⅰ . ①我… Ⅱ . ①李… Ⅲ . ①公共政策—评估—研究—中国 Ⅳ. ①D63-31

中国版本图书馆 CIP 数据核字 (2022) 第 132969 号

我国公共政策评估体系探索与构建

责任编辑：史会美
责任校对：王建玲

出版发行：中国言实出版社
地　址：北京市朝阳区北苑路180号加利大厦5号楼105室
邮　编：100101
编辑部：北京市海淀区花园路6号院B座6层
邮　编：100088
电　话：010-64924853（总编室） 010-64924716（发行部）
网　址：www.zgyscbs.cn　电子邮箱：zgyscbs@263.net

经　　销：新华书店
印　　刷：湖北金港彩印有限公司印刷
版　　次：2022年8月第1版　2022年8月第1次印刷
规　　格：710毫米 × 1000毫米　1/16　12.75印张
字　　数：201千字

定　　价：98.00元
书　　号：ISBN 978-7-5171-4201-0

前言

公共政策是国家治理体系的重要组成部分。党的十九届五中全会提出“健全重大政策事前评估和事后评价制度”，这是健全决策机制、提高决策科学化民主化法治化水平的一项重要制度安排，对在新时代提高党的执政能力和领导水平，推进国家治理体系和治理能力现代化具有重要意义。重大政策评估日益成为政策生命周期管理中的关键环节，成为深化中国之治、发挥制度优势、讲好中国故事的重要载体。

完善我国公共政策评估体系，需要充分借鉴发达国家和国际组织的有益实践做法。我国公共政策评估工作起步较晚，面临着若干问题和挑战。他山之石，可以攻玉。公共政策评估理论和方法的形成和发展，与一个国家和地区的政治环境、制度安排、社会文化传统、社会结构等密切相关。芳林新叶催陈叶，流水前波让后波。西方发达国家从19世纪末就开始开展公共政策评估，世界银行等国际组织于20世纪80年代开展公共政策评估，一百多年来积累了丰富的公共政策评估理论、制度与实践，对我国具有重要借鉴意义。

我国不能简单直接地套用国际上的公共政策评估的具体措施和相关体制，而应在充分了解世情、国情的基础上，结合自身优势和需要克服的难点，与时俱进、因地制宜，构建我国重大政策评估体系。

本书主要围绕政策评估（体系）是什么（What）、为什么做政策评估（Why）、如何做政策评估（How）这三个核心问题，着力构建我国重大政策评估体系。全书共分六个章节，第一章主要介绍公共政策评估理论，阐述公共政策评估的意义、内涵、理论及原则。第二章重点介绍联合国、世界银行、经合组织等国际组织的公共政策评估实践。第三章重点介绍欧盟、日本等发达国家的公共政策实践。第四章重点介绍我国公共政策评估发展历程、政策评估的主要机构、政策评估方法，指出我国公共政策评估面临的主要挑战，并提出我国公共政策评估的发展方向。第五章重点介绍构建我国重大政策评估体系的重要意义、核心内容，从政策评估实践操作层面，详细介绍围绕设计评估问题、收集分析评估数据、汇报评估结果等重要环节的实操做法。第六章结合国内外形势，分析国际公共政策评估趋势，展望我国重大政策评估。

作为发展改革领域的一名工作者，我有幸开展了重大公共政策评估国际比较研究工作，并积累了一定的评估经验。实践中我发现，目前我国公共政策评估领域译著、编著居多，专著较少；政策评估理论研究居多，实践操作方法研究较少，针对我国研究重大政策评估体系的专著还不多见。本书的最大亮点在于公共政策评估的实操性和方法论。在介绍国际公共政策评估实践时，采用案例形式具体解析发达国家和国际组织是如何运用公共政策评估工具，建立健全公共政策的。在分析我国重大政策评估体系时，详细解析政策评估关键环节的具体操作方式方法，力求使读者可以直接应用。开展重大公共政策评估工作是一个讲究理论性和实践性相结合的过程。本书是在现有理论基础上，从实践操作视角梳理撰写而成，旨在抛砖引玉，填补国内公共政策评估领域此项空白。

衷心希望本书能为政府部门、学研机构、咨询组织、跨国企业等评估专业人员提供有价值的工具作为参考。囿于经验有限，著述匆匆，如有不妥之处，欢迎批评指正。

目录

第一章 | 公共政策评估理论概述……001

第一节 公共政策评估意义……001
第二节 公共政策评估内涵……002
第三节 公共政策评估理论……009
第四节 公共政策评估原则……020

第二章 | 国际组织公共政策评估实践……027

第一节 国际组织公共政策评估概述……027
第二节 联合国公共政策评估实践……032
第三节 世界银行公共政策评估实践……063
第四节 经合组织公共政策评估实践……070

第三章 | 发达国家公共政策评估实践……076

第一节 发达国家公共政策评估概述……076
第二节 欧盟公共政策评估实践……079
第三节 日本公共政策评估实践……092

第四章 | 我国公共政策评估实践……106

第一节 我国公共政策评估发展历程……106
第二节 我国公共政策评估主要机构……115
第三节 我国公共政策评估方法……118

第四节　我国公共政策评估主要挑战 …………… 124
第五章｜我国重大政策评估体系构建 ………………… 132
第一节　制定重大政策评估框架 ………………… 132
第二节　设计重大政策评估问题 ………………… 139
第三节　收集分析政策评估数据 ………………… 145
第四节　汇报重大政策评估成果 ………………… 158
第五节　管理重大政策评估工作 ………………… 162
第六章｜重大政策评估展望 ………………………… 172
第一节　国际公共政策评估趋势 ………………… 172
第二节　我国重大政策评估展望 ………………… 178
参考文献 …………………………………………… 190
后记 ………………………………………………… 195

第一章｜公共政策评估理论概述

第一节　公共政策评估意义

公共政策是国家治理不可或缺的重要工具，公共政策评估是公共政策形成的关键环节。对政策与决策落实执行及其他有关情况进行评估，以评促改、以评促优，从而保证政策被正确贯彻实施，促进行政效率提高，实现决策科学化、民主化，推动国家治理体系和治理能力现代化。

一、准确检验政策效果、效益和效率

评估是检验政策效果的基本途径。一项政策正确与否，只能以实践作为唯一的检验标准。公共政策投入运行以后，只有密切关注它的执行动向，才能知道它究竟达没达到预期目标，偏离预期目标多少，产生哪些预期效果和非预期的效果，非预期的效果又对政策产生哪些影响，这都需要在收集相关信息资料的基础上进行科学合理的评估。政策评估运用科学方法分析判断政策是否实现预期目标，在多大程度上实现预期目标，政策所产生的社会效益、经济效益、生态效益如何。

二、科学调整、判定公共政策的去向

政策评估可以判断政策对既定目标的实现程度。公共政策在执行过程中总会呈现出一定的走向，随着政策目标不断推进，这项政策是要继续，还是调整，还是终结，或者是需要重新制定，都需要建立在科学、合理、有效、全面的公共政策评估基础上才能做出决策。

三、合理有效配置公共政策的资源

在进行政策实践的过程中，政策资源是有限的，但政府部门却经常要同时执行很多项政策，比如经济政策、政治政策、教育政策，等等。那么，每项政策该投入多少政策资源才能使得政策资源得到最科学合理的分配？这就需要通过政策评估来进行合理分配，以求达到最佳的效果。

四、改善公共政策执行不力，提高行政效率

政策执行不力与行政效率不高一直是困扰公共行政中的两大难题，缺少有效的公共政策评估机制是其重要原因。政策执行过程中进行评估，能够及时发现存在的问题，迅速加以纠正，可以有效地监督、预防执行机关怠于执行、执行走样，保证政策被正确贯彻实施，促进行政效率的提高。

五、推动实现决策科学化、民主化

决策科学化强调专家学者参与决策，决策民主化则要求广大群众参与决策。政策评估能有机地实现决策科学化与民主化的辩证统一。比如，调查政策实施后影响如何，是否按照政策预期实施，政策实施前后有何不同，等等。通过广泛征求专家学者及广大群众的意见建议，客观回答这些有针对性的问题，将对公共政策落实带来直接或间接的好处，进而推动实现决策的科学化、民主化。

第二节　公共政策评估内涵

一、公共政策评估概念界定

目前，关于公共政策绩效评估的含义，学界和业界均并没有达成一致的看法，主要有以下四种观点。

（一）政策评估是对政策效果进行的评估

主要代表人物为美国托马斯・戴伊（Thomas R.Dye），他认为，“政策评估

就是了解公共政策所产生的效果的过程，就是试图判断这些效果是否是所预期的效果的过程，就是判断这些效果与政策成本是否符合的过程”。

（二）政策评估是对政策方案的评估

主要代表人物有美国斯图尔特·奈格尔（Stuart S.Nagel），他认为，政策评价主要关心的是解析和预测，进一步指出，政策评估正在不断成为事前活动预先进行，而不是针对某一事件的反应或事后进行。他认为，评估看作一个分析过程，评估者通过搜集相关信息，运用定性和定量方法和技术，对政策进行分析，确定各种政策的优缺点及可行性，供决策者参考。

（三）政策评估是对政策全过程的评估

这种观点认为，政策评估既包括对政策方案的评估，也包括对政策执行情况及政策效果的评估。我国著名管理学家张金马认为，“所谓政策评估，是指采用现代社会科学研究方法对一个社会或社区或特定社会群体的政策需求、对拟议之中的政策方案或者已经付诸实施的政策所产生的效果、执行情况及其带来的各种影响等进行客观、系统化的考察与评价”。由此可看出，政策评估既可以在制定政策计划、设计和选择政策方案的阶段进行，也可以对一项正在执行的政策进行，还可以在政策执行活动完成以后进行。

（四）公共政策评估是发现误差，修正偏差

主要代表人物有我国台湾地区学者朱志宏，他认为，“就一项公共政策而言，发现误差、修正误差，就是政策评估。换言之，政策评估的工作就是发现并修正政策的误差”。

从上述对公共政策评估的含义理解来看，可谓智者见智，仁者见仁。由此，整体而言公共政策评估定义有广义和狭义之分。广义的公共政策评估是对政策全过程的评估，不仅包括对政策方案的评估，也包括对政策执行情况和政策效果的评估，具体包括政策的事前评估、执行评估和事后评估三种类型。狭义的公共政策评估是指对政策效果及其价值进行判断，将政策的事前评估归入政策分析的范畴，而狭义的政策评估则专指事后评估。通常情况下，公共政策评估的主要内容包括：政策预定目标的完成程度，政策的非预期影响，与政府行为相关的各种环境的变化，投入政策的直接成本和间接成本，政策

所取得的收益与投入成本之间的比率。

二、公共政策评估内涵发展历程

自20世纪50年代政策科学产生以来，政策评估作为政策制定过程的一个关键环节，对检验政策效果，提高决策质量发挥了重要作用。随着政策科学的发展，政策评估理论也在不断发展，对于政策评估的发展阶段学术界尚未有统一的划分，基于一些学者对政策评估发展的研究成果，以政策评估在不同时期关注的核心内容为标准，将公共政策评估发展划分为四个阶段。

第一阶段：关注效率的政策评估，强调的是政策实施的效率和行政目标的实现程度。这一评估是政策评估发展的最初阶段。由于受当时管理科学思想的影响，而且政府刚刚从“守夜人”的最小政府转型为广泛参与社会问题解决的政府，因此政策评估的重点是行政投入、行政过程、行政产出和部门效率，而不是政策所产生的结果。政府职责的扩大和管理事务的增加使得政府的评估焦点放在效率上，并且认为效率越高，结果的实现程度和公民的满意度越高，政策结果成为效率的附属品，从而忽略了政策结果和政策有效性问题。由美国的彼得·罗西、霍华德·弗里曼和马克·李普希合著的《项目评估：方法与技术》是最早对评估进行研究的著作之一。它从社会科学研究的角度介绍了评估的发展历史和评估内容及方法，具体包括需求评估、项目理论评估、过程评估、结果评估、效率评估。其评估理论与方法对美国乃至世界评估事业的发展产生了深远影响。美国学者托马斯·戴伊认识到这一阶段政策评估取向存在不足，并在此基础上提出对政策评估更为深入的理解。他认为，政策评估是探寻法律通过后会发生什么。他以美国的政治体制为分析基础来研究政策评估，指出过去人们认为的政策一旦由法律通过，投入人力、物力、财力实施，那么政策效果就是可以预期的，也是可以感觉到的，但事实并非如此。因此政策评估是必需的，它的作用是了解公共政策的各种效果，并且提出了“政策效用”概念，强调政策效用与政策输出不同一。政策效用就是政策对现实世界产生的所有效果，包括对目标群体或现状的作用、对目标群体或状况以外的溢出效应、对未来情况的作用、直接和间接成本（含机会成本）。

第二阶段：使用取向的政策评估，关注的是评估结果的价值和实用性分析。20 世纪 60 年代以来，美国在“伟大的社会”口号下出现了许多政府项目，使政策评估发展进入高潮期。但是虽然评估投入许多人力和费用，但其研究结果在政策过程中利用率并不高，20 世纪 70 年代出现政策评价危机，因此人们把政策评估的焦点转向评估结果的利用。这一时期的政策评估理论有 D·帕隆博和 D. 纳茨米亚斯的“理想的政策评价理论”，探讨政策评估取得预期效果的理想范式；M. 帕顿的“以利用为中心的评价理论”，对“为了获得实际可用的评估结果应该怎么做”的问题进行研究，提出以利用为中心的评估过程、评估核心和评估前提。帕顿在他的著作中强调评估的终极目的在于利用，从而唤醒人们对评估结果的利用的重要性的认识。E. 戈登堡在他的“政策评估目的理论”中对政策评估的目的进行研究，他认为政策评估的目的因政策活动的不同会呈现出不同的目的，政策评估是通过对政策效果的评价来改进政策，因此要充分理解政策评估活动的本质。

第三阶段：批判的政策评估，关注的是政策价值取向，即政策所体现的社会公平、公正问题。针对过去的政策评估由于过分关注政策效率而忽视社会民众真正的需求，造成政策在解决公共问题的同时使得公民受益不均，出现分配不公、贫富差距拉大的现象。20 世纪 70 年代，以罗尔斯的《正义论》为标志，开始对传统的政策评估合理性提出质疑，进而对政策目标的合理性、正当性进行深入讨论。从罗尔斯的观点出发，认为政策评估的首要任务是评判公共政策的公正性，在公正的前提下再去衡量效率和效能。这一阶段的代表学者豪斯认为，“政策评估的本质，基本上是一种政治活动。其在为决策者提供服务的同时，主要目的是推动资源与利益的再分配。评估不但是真实的，更应该是正义的。正义应该成为政策评估的一项重要标准”。

第四阶段：建构主义取向的政策评估，关注的是政策评估过程中的多方需求，多元互动，综合对政策效率、政策公正性的共同关注，以及多种评估技术和方法运用的综合性评估。以古巴和林肯的“第四代评估”理论为代表，他们认为以前的评估理论都缺乏对政策的价值、目标、内容、过程、方法的深刻思考。他们提出的“第四代评估”，即回应式评估，又叫建构主义的评估，在方法论上采用注释型方法，强调复述、分析、批判、再复述、再分析等不断的辩证，期望能产生案情的共同建构。库巴和林肯的“第四代评估”理论实质上是对批判的评估理论的进一步发展，在批判理论基础上强调围绕评估的政策方案产生的多元认识向共同认识的转变，转变的过程就是批判性评估的过程。

三、公共政策评估特点

（一）公共政策评估是一种价值判断

公共政策评估以既定事实为依据，以公共价值为准绳，遵循价值中立、客观、公正的原则。只有这样，评估结论才具有公信力。要进行价值判断，就必须建立价值准则（即评估标准），确立评估步骤，采取正确评估方法。

（二）公共政策评估是政府的自觉行为、以结果为依据

公共政策评估是政府依据相关标准和程序而进行的价值判断过程。通过对政策的效率、效益及价值进行判断，评估政策是否可行，或存在哪些不足，从而形成纠错机制。因此，以结果为依据，是政策评估的基本特点。

（三）公共政策评估目的是弄清现状、找到问题、总结经验

公共政策评估是系统地应用各种社会研究程序，收集有关信息，用以论断政策设计是否周全完整，研判政策实际执行有无偏离既定的政策方向，并指明社会干预政策的效用。通过政策实施评估，对政策运行状况、结果与目标的差异、投入和产出效果、公共政策的科学性和合理性程度做出评价，作为决定政策变化、政策改进和制定新政策的依据。

（四）公共政策评估应当按照相应的规则进行

公共政策评估的规则主要包括：必须按一定的程序进行，程序合法，结论才有可能客观、公正；必须按一定的标准进行；必须借助于基些科学的技术和方法，如对比法、调查法、绩效评价法等；必须以事实为依据，实事求是。

四、公共政策评估类型

（一）事前评估、事中（阶段性）评估、事后评估

根据评估实施的不同阶段，公共政策评估可以分为事前评估、事中评估

和事后评估三类。这三类评估分阶段贯穿于政策的全过程，既包括对政策方案的评估，也包括对政策执行以及政策效果的评估。

事前评估指制定政策前对预期成果进行评估，主要是对政策方案的分析评估，为政策执行提供指导。政策评估与政策分析的区别，通常认为后者是以可行性研究为主，即未来能否实行，或是否修改某项政策进行研究和论证；而政策评估则主要是通过政策实施结果评估该项政策的可行性，决定是继续实施、修改或中止。事前评估时由于政策还未执行，因此评估是预测性的。评估者往往根据以前积累的经验，加上运用现代电脑技术进行模拟运行，对方案执行后可能出现的效果作出分析与估计。这种评估的优点在于，评估的结果可以直接用来指导政策的实施，特别是可以采取措施，将可能出现的政策负面效应降到最低程度。但这种评估终究只是预测的，还不是现实的结论。

事中评估也称为阶段性评估，对某些长期性政策而言，需要划分若干建设阶段，主要用于对政策运行加以控制。在第一阶段政策实施结束后，有必要对其效果进行评估，以总结经验，分析成功与失败的原因，改进下一阶段的工作。虽然这时的政策执行还未结束，但政策推行的效果、效率、效益已经表现出来，特别是政策方案中存在的缺陷、政策资源配置中的问题、政策环境中某些条件的改变等，已经暴露出来。这种评估的优点在于评估中所获取的资料都是即时的、具体的，评估的结论是真实的、可靠的。另外，评估的结果也能立即和直接产生作用，用来对正在执行中的政策进行调整。但执行中的评估只是对进行中的一定过程所作的评定，由于过程并未结束，所以评估具有过渡性、暂时性的特点。

事后评估也称为结果评估，这是政策评估中应用最广泛，也是最困难的评价问题，主要对政策制定提供指导。由于政策已经执行完毕，政策的最终效果、效率、效益已经成为客观存在，评估的结论是对政策全过程的总结。这种评估要求对政策全过程有充分的认识，对政策实施后的结果有全面的把握，对以往的方案评估、执行评估有详尽的了解。由于这一评估需要有指标体系和技术方法为依托，实施的难度较大。

（二）正式评估与非正式评估

根据评估活动方式的不同，公共政策评估分为正式评估和非正式评估。

在实践中，两种评估活动方式可以有机结合起来运用，以正式评估为主，将非正式评估作为正式评估的事先准备和必要的补充。

正式评估是指事先制定完整的评估方案，由专门的机构与人员按严格的程序和规范所进行的政策评估。这种评估由于评估机构与人员具有专业的知识与素养，评估的资料详尽真实，评估手段先进，因而结果比较客观、可信。

非正式评估是指对评估者、评估程序、评估方法、评估资料都未作严格要求而进行的局部的、分散的政策评估。非正式评估虽然结论不一定非常可靠、完整，但其形式灵活、简单易行，有广泛的适用性。

（三）对象评估、社会评估、自我评估

根据政策评估者的不同，公共政策评估分为对象评估、社会评估和自我评估三类。通常来讲，对象评估与社会评估可以统称为外部评估，又称第三方评估。自我评估又称为内部评估。

对象评估是指由政策目标群体进行的评估。由于政策目标群体是政策的承受者，他们对政策制定与实施的利弊得失有最真切的感受，对政策的成果最有发言权。因此，这种政策评估可以获取第一手资料，可以对政策的成效有真实的估计，其结论具体、真切。但这种评估也有不足之处，目标群体只是社会群体的一部分，提供的资料虽然真实，但有较大的局限性。

社会评估是指在政策系统之外所进行的评估。通常包括政府等公共部门委托的专业评估和社会成员自行组织的评估。政府委托评估是政府部门委托专业性的咨询公司、盈利或非盈利性的研究机构、大专院校的专家学者所进行的政策评估。这种评估的优点在于评估者在一定程度上能置身于政策系统之外，从而使评估具有较大的客观性，实施评估的机构与人员一般都具有专门的评估理论与知识、方法与手段、实践与经验，从而使评估具有较高的可靠性。但这种评估也有其局限性，主要是评估机构与人员易受委托者在经费和资料两方面的限制，从而有可能削弱评估的客观性与公正性。

自我评估是由政策系统内部进行的评估。这种评估的优点在于评估者中有政策的制定者与执行者，对整个政策有全面的了解，掌握大量的第一手资料，从而评估的结论较为可靠。另外，从评估的实用性来看，政策系统内部

评估的结论可以直接被用于政策调整，容易产生效用。但这种评估也有其缺点，由于评估者中有政策的制定者与执行者，可能会因为顾及政绩而夸大成绩、回避失误，可能会从部门的局部利益考虑而产生片面性，可能会受到机构内部利益和人际关系影响而失去公正性。

（四）绩效评价与常规评估

绩效评价是指财政部门或财政受托部门根据“花钱买效果”的理念，按绩效指标和预定程序，对公共政策的业绩和效果进行全面、综合评议和估价。绩效评价的目的是向包括公众在内的公共政策相关方回答“政府实施该项政策的效果与花的钱相比，是否值得？”的问题。

常规评估相对于绩效评价而言，是指评估者采用常规手段，对公共政策效果进行的评估。常规评估的目的包括政策预定目标的完成程度，政策预期影响，与政策行为相关的环境变化，投入政策的直接成本和间接成本等。

第三节　公共政策评估理论

一、政策评估领域主要理论

作为一门交叉科学，政策科学是用政治学、经济学、数学等学科的理论和方法作为基础建立起来的。最初解释政府干预经济运行合理性的理论，基于新古典主义中经济学“市场失灵”（Market Failure）的引导，探究一项政策的出台是否合理，政府干预是否有效，就看它能不能解决市场机制在某些领域的失灵问题，能不能弥补“看不见的手”固有的缺陷。

但对于政策评估者来说，在用“市场失灵”理论对某项政策给出正面评价的同时，更应该关注所谓“政府失灵”（Government Failure）的问题。在某些领域，市场机制无法实现资源的最优配置，但政府的介入很可能使情况更加恶化。扭曲价格信号，制造寻租机会或破坏市场的公正性往往是政府干预不可避免的后果。

为此，在对国家政策效应评估时，部分学者提出“系统失灵”（Systemic

Failure）的概念。政府所颁布的诸项政策之间往往有重叠或冲突之处。因而单独考察一项政策时会认为它是非常有效的；但如果将其置于一个复杂的政策体系之中考察时，会发现它的作用值得商榷。这就要求我们将整个政策体系纳入评估范畴，用系统的观点看问题，而不简单地就事论事。

目前在开展公共政策评估时，方法论包括认识论和实践论两个层面。前者指社会问题中是否存在客观真实的知识，如何获取这些知识以及这些知识的形式是怎样的；后者指具体政策的产出和影响。依据这两个层面的理论基础，基于不同的认识论假设和方法论取向，公共政策评估理论框架主要有三类，即实证主义取向的公共政策评估、构建主义取向的公共政策评估以及现实主义取向的政策评估。这三类公共政策评估理论框架，包括评估内容、评估方法、评估机制、评估者角色以及利益主体的参与程度，各有特点，如表 1–1 所示。

表 1–1　不同方法论取向下的公共政策评估理论框架

分类	实证主义取向的政策评估	构建主义取向的政策评估	现实主义取向的政策评估
认识论假设	（1）客观真实的存在	（1）不存在客观真实或真理	（1）事实和价值同样重要，不可分离
	（2）政策要么有效，要么无效	（2）通过参与的利益主体的观点、意见和经验考察绩效	（2）政策运作系统的深层结构需要被解构
	（3）只有事实、统计、可量化的数据才重要		
方法论取向	实证主义	构建主义	现实主义
评估内容	政策目标与实施结果的一致性	相关利益主体对政策实施绩效的评判	政策实施结果和过程的全面考量
评估方法	定量方法（计量经济模型）	定性方法（案例研究）	定量与定性方法相结合
评估机制	自上而下（宏观层次）	自下而上（微观层次）	自上而下 / 自下而上（宏观 / 微观层次）
评估者角色	评估者无参与，价值中立	评估者充分参与，且有明确观点	评估者不完全参与，但需适时对评估类型和方法做出选择，并揭示政策运作的内在机制

续表

分类	实证主义取向的政策评估	构建主义取向的政策评估	现实主义取向的政策评估
利益主体参与程度	评估客体被动参与	高度参与，即便利益主体呈现无意参与	利益主体充分参与，利益主体意见和建议是评估报告的重要内容

注：摘至和经纬的《中国公共政策评估研究的方法论取向：走向实证主义》

二、政策评估领域新理论

当前，政策评估领域研究的新理论不断涌现，主要分为四大基石：

（一）R. 霍弗博特的“决策变量理论”

R. 霍弗博特的“决策变量理论”强调要敦促政治学者们研究政策。该理论指出，以前的观点认为政治变量作为自变量对政策变化起重要作用，认为政治对政策的变化发挥积极而重要影响，但没有想到政治也会被动地因政策的变化而发生变化。因此，在政策评价中最为重要的课题，就是寻找影响政策评价的控制变量。在政治和社会政策环境上，可以当作控制变量来使用的主要包括以下五个方面：一是被提出来的政策问题的属性；二是政策手段的技术适合性；三是政策手段的执行性；四是对政策对象群体的顺应程度；五是导致所意图的和与此相反结果的政策及错误计划。如果能够正确地分析以上这些变量，不仅可以明确学科分工，而且能够让政治学者认识到参与政策研究范围的广度。基于这种想法，R. 霍弗博特揭示了把政治当作因变量的模型。

“决策变量理论”强调政治学者并不是政策分析的局外人，在具体部门中的政策分析者很可能忽略或不能做到这种泛政策层次上的政策评价研究。同时，R. 霍弗博特认为，截然分开政策评价研究和民主主义理论政治研究的做法并不妥当，因为研究民主机制或民主市民精神的政治学者也可以充分利用政策评价方法。因此，可以说该理论模型的创新在于其揭示政治是政策因变量的新观点，与传统理论即政治因素是政策的主要变量形成较大反差，不仅丰富发展了政策评估中决策变量的理论，而且对政治学和政策科学两门学科的相融与发展做出了重要贡献。

（二）弗兰克·费希尔的政策评估逻辑模型

为什么社会科学不能解决紧迫和规范的社会问题与政治问题？为什么政策分析花费无数金钱，却没有产生太多明显效果？为了解决这些问题，美国政策学者弗兰克·费希尔在《公共政策评估》一书中，提出了将事实和价值结合起来的政策评估逻辑模型。

这一模型分析了评估公共政策方法论框架的四种讨论形式，即项目验证、情景确认、社会论证和社会选择，并将这四种具体方法分为两个层次。“第一层次评估”由项目验证和情景确认构成，重点研究政策发起者的特定的行动背景，探究特定项目的结果和这些结果出现的情景。“第二层次评估”由社会论证和社会选择构成，将评估纳入更大的社会系统之中，项目自身的论证仅仅是其中的一个部分，它着重于研究政策目标对社会系统的影响，强调项目的社会价值，每一种论证都有自己特定的要求，如图 1–1 所示。

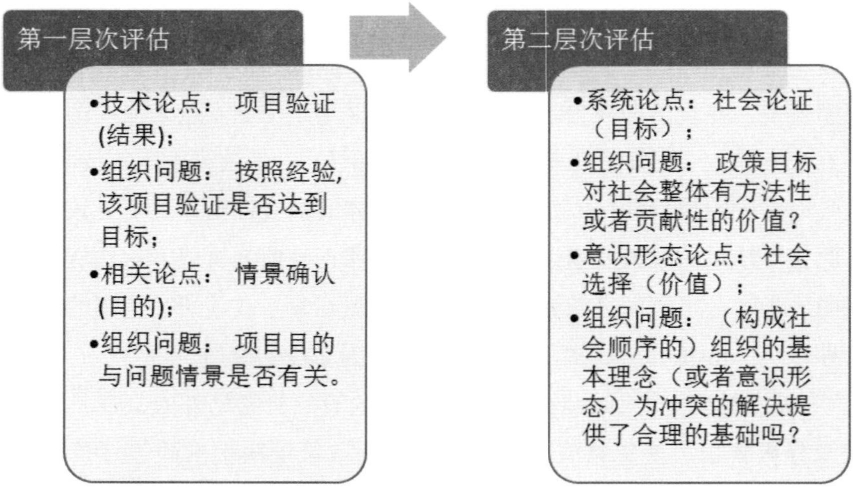

图1–1 弗兰克·费希尔的公共政策评估框架[①]

（三）E. 戈登堡的政策评估目的理论

关于政策评价的目的和必要性，因对政策活动的理解不同而有不同的主

① 方易·弗兰克·费希尔:《公共政策评估》[J]. 公共管理评论，2013，15（02）：156–163.

张。学者 E. 戈登堡认为，政策评价的目的是通过关于政策的效果评价来改善政策成果。具体而言，政策评估目的主要包括以下三个方面：一是对政策执行和效果的学习，以推导出关于项目整体性效果的信息并根据需要利用它，或是给行政管理者提供改善政府管理体制的工具，从而使他们能够提高政策运作的效率；二是组织控制，即通过政策评估实现领导人对组织活动和动态的把握与控制；三是影响环境，通过政策评估，提升工作人员应对多变的政治环境的能力。

与此同时，该理论认为正是由于政策评估具有以上三个方面的目的，使其也具有一些显著特征。一是由于政府对长时间的政策评价研究重视不足。二是对以组织控制为目的，利用评估过程的人最为有用的评估方法，在影响外部环境方面并不一定是最有用的方法。三是评估过程有时需考虑把未知内容应用于实际的可能。在现实中，大部分政府机构没能充分地利用政策评价的三种基本功能。

因此，该理论对政策评估理论的发展体现在，是以政策评估的目的和必要性以及功能为基础而展开的，有助于理解政策评估活动本质。也就是说，不仅有助于理解为什么在公共领域中投资巨额预算而进行政策评估，而且能够理解为什么政策承担者更重视其中某一种评估。

三、公共政策评估模型

对公共政策的评估到底应该持什么样的标准，这是学术界争论最多的问题之一。德国政策学家韦唐（Evert. Vedung）在其专著《公共政策和项目评估》中针对政策评估标准问题，归纳 10 种模型（见图 1–2）。本章对其中几种主要模型进行阐述。

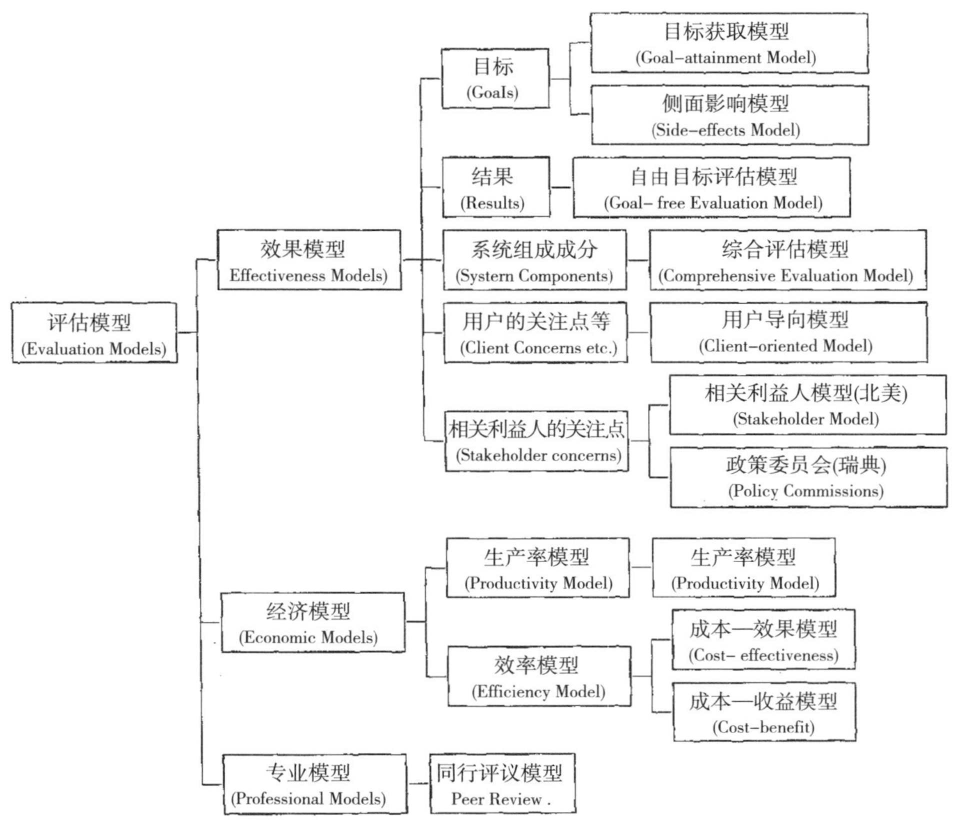

图1-2　根据不同评估标准建立的10种评估模型

（一）目标获取模型

目标获取模型指将政策目标作为评估时所持的唯一标准。根据韦唐解释，这种评估方法需要做两个判断，即政策或计划是否在目标领域内取得了预期结果，所观察到的结果是否是该政策作用的产物，从而在政策和结果之间建立桥梁，形成“结果—政策”的完整逻辑闭环。

目标获取模型可以说是一种最简单、最直观的政策评估模型。但由于该模型将一个复杂的评估问题处理得过于简单，故而其缺点也是很明显的。一是政策目标可能是模糊的，因而不易判断目标到底有没有实现，而且由于制定政策时的环境条件与进行评估时相差很大，原定目标可能早已不适合现在的情况，故而对它的评估也就失去了意义；二是一项政策可以设立多个目标，而且不易从中遴选出一个主要目标，同时多个目标之间还可能有冲突，因而对目标实现情况的评估很难进行；三是不考虑政策实施后出现的非预期结果；四是决策者可能会为实现一个战略目的而制定某项政策，这时他宣称的政策目标其实已意义不大，如果只将原定目标作为评估标准，显然是不合适的；五是不考虑政策的实施过程，将政策的落实看作是一只“黑箱”，而且不考虑政策的实施成本；六是该模型认为政策执行者是严格按照决策者的意旨行事的，但事实并非如此，如“政策扭曲”“上有政策，下有对策”。

（二）侧面影响模型

目标获取模型只将政策实施后在目标领域内取得的结果作为评估对象，不考虑它在整个社会范围内带来的其他影响。实际上，政府行为的外部效应是很强的，一项政策实施后将会在目标领域之内、目标领域之外出现许多预料不到的、或不希望出现的结果。政策评估者如果要客观、全面地评估一项政策，就必须将这些结果都纳入考察范围。其中，“非预期的侧面影响”可能是评估者最为关注的，但用什么样的标准来评价这些影响却是一个难题（由于它们是预料之外的结果，因而不可能有事先规定的衡量标准）。如果这些“侧面影响”无法评价，那么怎样得出最后的评估结论呢？韦唐建议能够评价的就给予评价，比如目标领域内取得的结果；不能评价的那些“侧面影响”列举出来，留给决策者（或其他用户）自行评价。总的评估结论只能由决策者（或其他用户）自己做出。根据“路径相关”的说法，一项新政策出台，经常是为了解决原有政策所引起的新问题，而这些新问题往往是由“侧面影响”造成的。因此，评估者所得侧面影响的信息对于决策者制定新的政策或计划是非常重要的。

（三）自由目标评估模型

政策评估者的任务是评价一项政策的综合效应，这就要求他对各种现象的判断不能带有任何主观倾向性，而侧面影响模型将政策效应划分为若干层次，有意突出了目标领域内的政策效应，显然是有偏见的。为了消除这一缺陷，有人提出了“自由目标评估模型”，让评估者在没有任何目标约束的条件下开展评估，全面考察政策实施带来的影响，不论它们是预期的，还是非预期的

（四）综合评估模型

一项政策从酝酿、制定、实施到最终成功或失败，通常要经历比较长的时间。从某种意义上说，它类似于产品生产过程，“投入”“转化”“产出”三个阶段必不可少。那么，评价一项政策的成败、优劣，仅仅看它取得的最终结果，有失偏颇。而将政策的前期准备（投入）、落实（转化）、取得成果（产出）三个阶段都纳入评估范围的模型，就是这里所说的“综合评估模型”。

在评估过程中，对上述三个阶段都要进行“描述”和“判断”。需要“描述”的内容包括各阶段的目标和现实情况；而判断则首先要明确评估标准，然后拿目标、现实情况与之进行比较，进而得出评估结论。同其他模型相比，综合评估模型有两个突出的优点：其一，政策的制定和落实过程都属于评估范畴，故而评估结论能够较好地反映决策民主化程度，政策执行程序公开、公平、公正;其二，对政策实施后出现或不出现某个结果的原因能够给予较好的解释。如果政策实施效果难以物化甚至难以描述，那就只能依赖对政策过程的评估。

（五）用户导向模型

上述四种模型与“用户导向模型”属于两种不同的类型，前者是从政策制定者的角度出发来考虑问题，后者则着眼于政策接受者（又称“政策用户”）的目标、需求、关注点等。目前，用户导向的评估方法在西方国家得到广泛应用，特别是涉及向公众提供公共服务的政策领域，比如公共交通、绿化、环保等。特别需要强调的一点是，政策用户与政策评估报告的用户是不同的。我们所说的“用户导向”，指的是“政策用户”导向，而不是“报告用户”导向。只有按照“政策用户”的需求进行评估，才可能将公众意见反映到评估结论中，进而影响下一步决策。此外，由于政策的外部效应、政策的扭曲、同一政策在不同制度环境下有不同效果等原因，政策的目标用户与实际用户往往是不一致的，用户的定位点应该是实际用户而非目标用户。评估者需要通过深入分析和细致调查对其加以区分。

开展用户导向的评估包括三个步骤：首先，进行政策用户的定位，除非评估对象是针对全体公民的政策；其次，确定评估样本，一般情况下，政策用户的数量都非常庞大，因此只能进行抽样调查；最后，调查用户意见。需要向用户调查哪些内容呢？用户导向模型并没有给出确定的答案。根据不同的评估对象，可以有各种不同的选择，政策制定、实施直至终结各个阶段的相关内容均可纳入考察范围。评估工作的最后一步是对调查结果进行统计分析，进而作出评估结论。

（六）相关利益人模型

“相关利益人”本义是在一个企业或一项商业活动中拥有投资份额、股份或其他相关利益的个人或组织。而政策评估活动中的“相关利益人”如何定义？这恐怕是一个难题。可以采用列举的办法来描述，但到底哪些个人或组织属于“相关利益人”，其实并无固定答案，可以根据具体情况、具体需要来判断。韦唐就这种评估方法在瑞典和北美的不同操作方式做了说明。在瑞典，由相关利益人组成“特别政策委员会”，对他们所关心的政策自行评估；在北美，则由评估专家做评估，相关利益人仅是采访或咨询对象。

“相关利益人模型”是在“用户导向模型”的基础上发展来的，因而其运作程序（即北美模式）与后者非常类似。但实际操作起来，这种评估方法难度很大。评估者必须对相关利益人的需求、关注点十分敏感，把握得非常准确，否则调研工作很难进行。评估者与被调查者对问题的认识不可能完全一致，相差甚远也不足为奇。因此，评估者在调研过程中，需要不断修改样本，重新设计调查问卷，调整原定计划，使评估报告能够充分反映相关利益人的真实想法。

这种模型优点很多。第一，评估者对于一项政策所涉及的专业知识往往知之甚少，给评估工作带来很大困难，但通过与相关利益人的交流，通常可以解决这一难题。第二，该方法不囿于既定的政策目标，而是综合考察政策制定、实施过程中涉及的各种因素，故而最大化地反映了现实情况。第三，如果评估专家不了解相关利益人的需求和关注点，独自做出的评估报告往往会被决策者束之高阁，从而失去了评估的意义；相关利益人评估方法将各方面的意见都反映到评估报告之中，其政策建议也最易于操作，因而应用价值是较高的。

这种评估方法也存在明显缺陷。第一点，也是最突出的一点，它要将方方面面的意见都收集起来，耗费的人力、物力、财力之大是可想而知的，故而真正实施很不容易。第二，到底谁是相关利益人，往往没有明确的答案，这就不可避免地带来操作上的随意性，进而影响评估结论的权威性。第三，相关各方不可避免地存在一种倾向，即过分强调自己的利益，忽视别人的利益，并且从自身利益出发的某些说法往往过于武断，难以反映现实情况。根据这样的调查结果来做评估，显然是不理想的。

四、公共政策评估方法

（一）定量分析方法

在定量化的公共政策评估中，通常采用实验控制法、问卷调查法、统计归纳法、相关性分析法、模型模拟法等分析方法。其中，指标是定量评估的基础，而指标的合理设置是确保评估结果科学、客观、合理的关键因素。在指标选择方面，库姆博斯等西方一些学者提出相关标准。第一，所选取的标准要有可靠的数据作支撑，即满足数据的可获得性；第二，指标涵盖空间意义，即可以用于空间横向对比；第三，指标要内含时间概念，既要有指标的延续性，又要有指标动态调整的属性，即具有动态的纵向可比性；第四，指标要易于操作；第五，指标要易于转化，容易解释。

还有学者提出指标筛选的四个步骤：首先，全面认识评估内涵。主要包括五个方面，即项目的基本含义、评估的主要目的、涉及的主要问题、空间单元优化、构成环境的要素等。其次，构建评估框架。再次，确立评估指标。在明确相关指标内涵的基础上，选用量化指标来对核心要素进行度量，并对给定的指标进行清晰的定义；然后将指标按照逻辑形成序列，按照指标选择的五原则对指标进行提炼。最后，建立指标索引。建立指标索引的目的是对指标进行明确分类，主要分为加权性、非加权性、回归分析、多元分析等指标类型。

指标反映出公共政策评估的原则方向，在确立了指标以后，再对指标数据的采集制定相应规则，以便获取客观真实的数据，确保指标的统计口径具有一致性。

技术层面的评估方法多采用成本—效益分析法（Cost Benefit Analysis）。成本—效益分析法又称产出评估法，更多的是与投入联系在一起，对投入产出进行分析，通常强调政策的经济性和效率性，一般按照“3E”标准，即将“经济性（Economy）、高效性（Efficiency）、有效性（Effectiveness）”三个原则作为政府项目的评估标准。

操作层面的评估方法多采用“一致性”方法。这种方法主要适用于结果绩效评估，将政策实施情况（结果）与目标进行对照，查看是否一致。在定量评估中，还可以依据政策执行评估中的目标完成程度进行评估，计算目标各项目的实际完成程度。

（二）定性分析方法

在公共政策评估过程中，虽然定量化分析方法具有举足轻重的地位，但是对于难以通过数据量化的指标，还要通过增加定性描述的手段来评估才够全面，加强对定性要素的使用，采用“非市场价值”的手段来判断评估对象，因此，定性的指标属性描述在许多政策评估中必不可少，可以增强要素评价的全面性，弥补定量评价的不足之处。定性分析特别适合过程评估，进一步回答“为什么”和“怎么样”，通常采用多维透视法、沟通辩论法、个案研究法、访谈调查法等方法，重点针对政策的整体发展情况和趋势进行目标总体性实现程度的评估。

公众评估也是定性分析中常用的方法。通过建立与公众关心的热点相匹配的指标体系，收集公众的满意度，衡量公共政策对公众产生的影响，直接得出公众的满意度评价。

专栏 1　政策评估方法概要

多样化的评估方法主要包括：预测评估（Prospective Evaluation）、评估之评估（Evaluability Assessment）、目标评估（Goal-based Evaluation）、非目标评估（Goal-free Evaluation）、多点评估（Multisite Evaluation）、集群评估（Cluster Evaluation）、社会评估（Social Evaluation）、环境社会评估（Environmental and Social Evaluation）、参与者评估（Participatory Evaluation）、成果评估（Outcome Evaluation）、快速评估（Rapid Evaluation）、评价综合与元评价（Evaluation Synthesis and Meta-evaluation）、其他评估方法等。

评估方法是界定评估的方式，包含着相应的哲学原理和价值。一些方法已经被使用了很多年，一些方法也不断发展改进或者随着评估发展而发展。无论采用上述何种评估方法，计划步骤是相同的，需要定义评估问题、确定评估方式、收集和分析数据、报告和运用评估结果。

第四节　公共政策评估原则

一、公共政策评估标准

公共政策评估是公共政策系统中的重要环节。一个完整的政策过程，除了政策制定和政策执行以外，还包括对政策和政策活动进行科学评估。政策评估在公共政策中占据重要的地位和作用，缺少政策评估，一项政策就不能称之为政策。而公共政策评估要在一定价值观和价值标准指导下开展。

（一）目标标准

政策目标是制定政策的起点，也是政策制定所要实现的终点。政策目标在政策执行中具有指导、约束、凝聚、激励、辐射的作用。评价一项公共政策是否成功的，就是看政策执行后能否在预定的时间内完成其所预定的目标。那么，在评估政策时，把制定公共政策时所要达到的标准或目标同在一定时间限度内执行政策所达到的目标相比较评价。如果公共政策在预期时间内取得的成果同制定政策时的标准一致，那么这项公共政策就是成功的，达到了预期的目标。反之，这项政策就是不成功的。因此，评价公共政策是否成功的第一个标准应该看公共政策在预期的时间内是否完成或实现了预期的目标或标准。

（二）投入标准

一项政策的提出、列入议事日程、制定、执行等各个环节都需要大量的人力、物力、财力、信息等各种资源。也就是说要制定、执行和贯彻公共政策必须有一定的投入，这些投入包括：资金的来源与支出，所需要的执行政策的人员、机构、工作时间的数量与质量，政策资源与政策对象之间的相互关系等。这个标准要衡量一项政策所投入的各种资源的质量和数量，其实质就是从资源投入的角度来衡量决策机构和执行机构所做的工作，也就是政策评估的成本问题。因此，投入成为政策能否取得成功的重要因素。所以，评估一项政策能否成功，可以从各种投入方面进行评估，但是也应该认识到投入只是公共政策成功的充分条件，而不是必要条件。大量的投入并不一定就能使政策取得最终的成功，反之，投入不足也不意味着政策就不能取得成功。

（三）公平与公正标准

公共政策是政府依据特定时期的目标，在有效增进与公平分配社会公共利益的过程中所制定的行为准则，公共性是公共政策的重要特征和体现。由于市场本身的缺陷，在社会资源的分配和调节方面存在市场失灵的问题，政府的公共政策应该发挥其调节作用，而这种调节作用更多地体现在社会公平方面。因此，政府在制定公共政策的过程中应该以社会利益最大化为目标，最大限度地体现大多数人的利益，尽可能地实现帕累托最优。同时，由于政策在满足大多数人利益的同时，也可能导致一部分人的利益受到损害。为了实现帕累托最优，就要求必须注意那些由于政策因素导致合法利益受损的少数群体或部分利益集团的利益，通过利益再分配或补偿等方式给予合理的补偿。因此，公共政策是否成功的重要标准之一就是看是否体现政策的公平和公正，是否体现和维护了大多数人的利益。

（四）效率标准

经济学上讲究经济效率即投入和产出的关系，经济效率要求产出必须大于投入。政策的效率标准是衡量政策取得效果所耗费的政策资源的数量，通常体现在政策投入与政策效果之间的比率和关系。政策效率的高低往往反映出政策本身的优劣和政策的执行状况。一般来讲，政策的效率标准包括三个层次：政策的成本层次、单项政策的投入和产出层次、政策的全部成本与总体产出层次。在政策成本层次上，必须掌握政策过程中的资金来源和支出，物质与信息的调配与使用，决策者与执行者的数量和时间。在这里，应重点关注政策在制定和执行中投入了多少资源，投入的资源是否充足，能不能确保政策得到贯彻和实现。在单项政策的投入和产出层次上，考虑政策效率时应该重点关注如何以较少的投入，较快、较好、高质量地实现政策目标，也就是在最小的政策成本下实现最大的政策目标。在政策的全部成本与总体产出层次上，应该注意除了直接用于政策过程的资源，只用于该项政策，而不能用于其他方面的资源造成的机会成本有多大；该项政策实施后所产生的直接效果以外的附加效果、象征效果、非预想效果等间接效果有多大。这种层次的评估重点在于政策系统与社会整体系统之间的关系。在这种层次上，评估公共政策不仅要考虑政策本身的效益，还要考虑执行政策后带来的社会效益。比如，国家的退耕还林工程，不仅起到了保护生态的作用，也对还林区的旅游等方面带来了经济效益。

（五）公民参与与回应标准

由于公共政策主要实现大多数人的利益，因此，在制定政策的过程中公民的参与与回应就显得很重要，而公民的参与度和回应程度也是衡量政策是否成功的重要标准。公共政策对社会需求的回应是一个国家或政治系统维持自身生存、稳定和发展的基本功能。通过公民的广泛参与，各种社会问题不断输入到政治系统中，政治系统则不断地输出各种政策去解决各种各样的社会问题，维护和实现公民的利益。因此，一项公共政策不论是关系到全体或是一部分人的利益，只要政策对象认为满足了自己的利益，就会对这种政策有积极的回应。反之，政策的回应程度就低。这也是评价政策是否成功的重要标准。政府制定公共政策的目的主要是满足社会全体或部分公民的利益需要，制定的政策必须为公民所接受。但是一些政策在制定过程中，由于政府从自身利益出发，而没有在公民广泛参与的情况下制定，导致结果是公民对制定的政策缺乏认同感。比如有些地方的领导干部为了展现自己的“政绩”，脱离了本地社会、经济发展的实际情况超前制定了许多政策，结果导致政策不被公民认同，大量的人力、物力、财力被浪费，严重损害了本地公民的利益。

二、公共政策评估程序

（一）公共政策评估程序

程序是制度得以实施、运行的保障。政策评估的价值只有通过程序的合理化与科学化才能真正实现。政策的前瞻性价值要求在政策评估的程序方面实现公正化，为政策的产生与执行提供合理公正的运行模式。

严格、规范的政策评估程序是解决评估行为混乱和评估权滥用的有效方式。从决策评估问题的产生，到分析调研、听证论证形成多种评估结果以及专家学者的主观界定结论，到最终决议通过，各个环节都要实现科学、民主与规范，以实现评估结果的有效性。

（二）公共政策实施步骤

公共政策评估过程就是政策评估主体有计划、有步骤地对评估客体进行评价的一系列活动，包括评估方案设计、评估方案实施和评估终结三个阶段。

1. 评估方案设计

评估方案设计是政策评估的准备阶段，主要包括四方面工作，即确定评估对象、分析评估对象、设计评估方案和建立评估组织制度。

（1）确定评估对象。不是任何政策在任何时候都可以而且有必要进行评估，评估是对具有“可评估性政策”进行的评估。同时，政策评估是贯穿政策全过程的活动，但具体到某一项政策，是进行全方位的评估，还是有选择的评估，要根据政策的特点和评估的可行性来综合考虑。

（2）分析评估对象。评估对象分析，包括政策所要解决的社会问题、政策利益相关者、政策目标、政策过程的情况、政策工具和政策保障制度等。首先，分析政策所要解决的社会问题。要求对以下问题作出回答：该问题能够构成政策问题吗？该问题是如何进入政策议程的？政策议程是怎样的？其次，分析政策利益相关者。就是要搞清与政策运行有直接或间接利益关系的个人、团体或组织以及他们对政策的态度。再次，分析政策目标。明确政策所要达到的目标是什么，从理论上讲，每一项公共政策都应有明确具体的目标，这是政策形成和执行的前提和基础。复次，分析政策过程。分析政策从制定到终结的整个过程情况。最后，分析政策工具和保障政策制度。弄清为实现政策目标所采用的具体途径、方式和手段，弄清政策过程的保障制度。

（3）设计评估方案。评估方案是指导评估方案的蓝图，是评估实施的依据和内容。评估方案设计是否科学合理，直接关系到评估的质量和评估工作的成败，因此，评估方案设计是评估规划中最重要的工作。一个完整系统的评估方案主要包括评估对象和主体、评估目的和目标、评估标准和方法、评估程序和制度等。

（4）建立评估组织和制度。评估组织工作，主要是人、物、财等评估资源的配备和组织结构的建立。评估制度是评估工作顺利进行的保障，一般包括评估的组织制度、程序制度、监控制度、激励制度等。

2. 评估方案实施

评估方案实施是评估主体实施评估方案的过程，主要分两个阶段。

第一阶段是政策信息的收集。信息收集是政策评估的基础，政策评估的实质就是政策信息的收集与处理。政策信息主要包括政策系统、政策过程、政策影响和政策效果等方面的信息。这些信息可以分为两类，即主观性信息和客观性信息，如政策效率和民众对政策效率的认知，前者是客观性信息，后者是主观性信息。政策信息的来源有一手信息资料，如社会调查收集的信息资料，也包括二手资料，如各种政策文献资料。不同信息来源和信息种类需要采取不同的信息收集方法，比如，一手资料信息的收集要采用观察法、调查法、个案法、准实验法等方法，而二手资料则要采用文献研究法、统计分析法等。

第二阶段是政策的评估分析。政策的评估分析包括由具体到抽象、由分析到综合三个方面，即统计分析、逻辑分析和理论分析。统计分析就是应用统计分析的方法分析收集到的各种数据信息，使之易于理解和系统化，比如，对“民众支持政策情况”的调查数据进行统计分析，可以得出政策获得认可的程度。逻辑分析就是把统计分析的各个结果进行排序组合，分析它们之间的逻辑关系，比如，考察民众支持与政策执行效果的关系就是一种逻辑分析。理论分析就是对统计分析和逻辑分析的结论进行归纳、抽象，总结政策经验、教训和原则、规律的过程，这个过程也是对政策作出最终评价的过程。政策评估分析的各个阶段所采用的分析手段和方法有很大的不同，实践中要根据分析信息的特点和评估目标进行选择。

3. 评估终结

评估终结就是处理评估结果、撰写评估报告的过程。任何评估都是一个价值识别、确认和选择的过程，政策制定和执行者与政策评估者肯定存在不同的价值判断。这就要求政策评估的结论要有一个与政策主体、政策客体互动的过程，以发挥政策评估的诊断、监督、反馈、完善和开发的作用，使评估结果更具有可信性、有效性和可接受性。互动过程要求评估者说明评估的对象、目的目标、评估标准和方法、评估过程和最终结论，其形式可以是座谈会、讨论会、发布会、听证会、网评和社会讨论等。

政策评估的最后一个阶段是写出评估报告，除了对政策效果进行客观陈述、对政策进行价值判断、提出政策建议外，还应对评估过程的优缺点做必要的总结。其中，政策建议要对政策是否继续、修改、变更或终止作出说明，并陈述相关理由。

三、公共政策评估公信力

公共政策和政府公信力是密切相关的。政府公信力作为政府执政的一种“软实力”，是一种无形的执政资产，政府公信力的高低对一个国家政治经济文化发展起着尤为重要的作用。政府公信力的生成在一定程度上取决于公共政策的各阶段，因此，应在公共政策动态运行的各阶段来提升政府公信力建设。提高政策评估公信力，就是提高公共政策公信力，进而提升政府公信力。

保证公共政策评估公信力需要多方面努力。首先，需要政府积极主动开展政策的评估工作，对实施中的公共政策及时进行预见性的评估，在政策冲突产生之前，把那些过时的、无效的或有严重问题的政策及时启动政策终结程序，发挥政策预见性评估防患于未然的作用，必然能够保全政府公信力不受消损。同时，对于那些已经引起社会冲突的公共政策，政府要及时回应，迅速启动评估程序，对于那些确有问题的政策，要以最快的速度实现政策终结，与此同时，要积极加强社会沟通，有效化解危机。其次，大力发展社会中的政策评估组织，使这些组织拥有独立的政策评估权利，以确保政策评估结果的客观性。同时，提高评估人员的专业性，加强对政府决策人员和评估人员的教育、培训，使其掌握政策评估的科学理论和技术方法；鼓励和吸纳政策评估专家、学者参与评估项目，保证政策评估的严谨性、科学性。再次，提高政策评估的透明度。除由国家法律或制度明确规定必须保密的政策外，各项政策都要向公众做好宣传、解释工作，公开政策评估的程序、办事机构和人员，鼓励全社会对政策评估活动实施监督。最后，完善政策评估信息系统。在政策过程的开始阶段就建立政策信息系统，对政策过程的每一个环节的信息进行全面收集、科学分析和完整保存；完善政府上网工程、政府信息公开制度，建立和维护各级政府信息库，并接受公众的监督；进行组织结构的调整，防止信息在传递过程中出现失真、时滞，从而保证信息的全面、真实、客观和及时。

第二章｜国际组织公共政策评估实践

第一节　国际组织公共政策评估概述

20 世纪 70 年代以来，评估逐渐成为许多国际组织开展工作的重要方式。这些组织成立专业评估协会，增设培训项目，创办期刊。评估工作也从政府资助的范围扩大到企业。1985 年后，计算机和互联网等技术的发展极大提高了评估人员收集、分析和共享数据的能力。随着社会或国家在发展议程的范围和复杂性上的增加，政策评价作为一门学科也在不断变化。评估人员逐渐从传统、以过程为重点的执行和评估模式，转向以结果为基础的评估模式。联合国系统、世界银行、经合组织、亚洲开发银行等都开展各具特色的政策评估工作。

一、联合国系统评估机构

目前，评估工作在联合国全系统越来越受到重视。从管理和执行情况来看，联合国政策评估具有评估工作制度化、责任主体明确化、评估方法体系化、评估结果实用化、评估工作常态化等鲜明特征，也引领了各国评估工作的开展。

一是评估工作制度化。规章制度是开展评估工作的依据，联合国为规范评估全过程，相继发布《联合国系统评价规范和标准》《检查与评价手册》《UNEG 评价规范和标准》等一系列规范。开展评估工作的国家也普遍注重制度体系的建设，相关国家不断出台或更新相关法律、规章和制度，其中一些国家更将其上升到法律层面。

二是责任主体明确化。公共政策评估的专业性强，若没有专门的机构负责，政策评估的质量很难得到保障。为推动政策评估，联合国形成了由联合国系统联合检查组、内部监督事务厅、联合国评估小组共同构建的评估组织体系。

三是流程方法体系化。联合国评估工作注重流程的规范性，以内部监督事务厅评估为例，根据《检查与评价手册》，内部监督事务厅按照公告、评估设计、数据收集等八个基本步骤展开评估工作。为提高评估的科学性、准确性，联合国以独立性、可信度、公正性为原则，界定评估范围，通过广泛阅览文献、深入审查和分析现有政策和做法、开展问卷调查、访谈等方式了解情况，采用定性和定量方法分析数据，并建立评估司质量保证系统。

四是评估结果实用化。根据联合国检查组 2020 年报告和 2021 年工作方案，2014 年至 2020 年联合国检查组对全系统及多个组织、单个组织，共出具 95 份报告、说明和致管理当局函、472 份建议。数据显示，2012 年至 2019 年，单个组织报告和说明所载建议的平均接受率为 80%，全系统报告所载建议的平均接受率为 68%。同期，全系统报告和说明所载建议中已获接受部分的执行率为 79%，单个组织报告和说明所载建议中已获接受部分的执行率为 81%。

五是评估工作常态化。评估已经成为联合国广泛推行的工作，工作覆盖范围较广、评估量较大。联合国系统联合检查组每年都会发布年度报告以及下一年度的工作方案。比如，联合国检查组 2020 年报告和 2021 年工作方案明确联合国检查组在 2020 年共计开展了 13 项审查，2021 年将进行 5 个全系统项目审查以及对 2 个单独组织的审查。

二、世界银行

世界银行自 2000 年左右，引入以结果为导向的多种方法对减贫、伙伴关系等公共政策进行评估，形成多部门配合的评估工作模式。世界银行政策评估在一系列开发援助项目中发挥着重要作用，为此，世界银行评估特点与所从事的国际性项目有很大关系。

一是评估独立性强。世界银行的项目往往涉及世界多个国家或多个组织，具有独立性的评估是世行项目获得支持和良好声誉的关键。世行不仅要求项目管理者进行自我评估，也设立了独立于项目以外的专业评估小组（或独立评估局）。该小组对世界银行的各种项目实施评估，以验证评估指标设计的合理性、完成项目指标的程度，以及后续的可持续性。同时，该小组会评估项目的实施过程是否符合相关规定等。该小组由世行领导层派出，对项目完成评估后也将直接向领导层汇报。

二是评估专业性强。世界银行对项目评估有严格的要求，在项目实施的全生命周期均会要求项目管理者提供评估报告。此外，世行对评估流程、汇报流程、信息获取等评估手段均有标准化的流程和建议。世界银行在全球多个地方设立专业的培训机构，为项目培训专业的评估人才。严格的流程和专业的人才使世界银行的评估结果科学合理，具有重要的参考指导价值。

三是评估结果运用性强。世界银行对于评估结果十分重视，将能否在规定时间内完成评估指标作为各项考核项目的重要依据。世界银行会要求项目管理者从每一次的评估结果中总结经验，查找不足，并对未来项目发展提出前瞻性评估和可持续性分析等。评估是世界银行及时调整项目发展方向、纠正错误以及指导项目科学发展的重要手段。

三、经济合作与发展组织

经济合作与发展组织（OECD），简称经合组织，是较早推动公共政策评估的国际组织之一。在 20 世纪 80 年代就建立起一套基于新比较经济学的完整公共政策评估标准，即监管影响评估（Regulatory Impact Assessment，RIA）。监管影响评估通过比较监管政策实施前后的两种均衡状态下各个经济主体获得的利益与承担的成本，并赋予不同经济主体不同的权重，对社会整体利益的影响做出评价。政策评估覆盖范围、执行方式、评估方式等，根据不同国家国情，制定不同标准。

经合组织政策评估框架致力于系统地评价政策从设计到执行的全过程，认为政策执行的过程与政策目标同样重要。通过对执行过程的评估监管，可以有力支持政策的进一步改进。经合组织将这一理念引入评估框架，形成一套 RIA 标准。RIA 在经合组织评估框架中占有核心地位，是经合组织评估体系的最大特点。

经合组织评估框架设计的前提是成员国需要一个评估程序，以揭示他们为改善监管成果而做出的努力是否有效。该框架有助于识别监管政策对实现战略成果的实际贡献，并诊断监管过程中存在的任何系统性问题。该框架既可用于对评估改善总体监管政策的实践，也可用在确定相关战略目标的基础上评估特定部门的监管政策。这可以使监管者灵活调整监管目标，实现项目收益的最大化。该框架最大优点在于，如果成员国掌握了监管政策评估的每一个步骤的信息，那么任何具体的效绩问题都可以在后续的规划设计中确定和解决。

四、二十国集团

二十国集团（G20）长期致力于全球金融改革，在改革过程中，围绕一系列金融政策开展评估工作，形成一套独具特色的评估体系。其中，由金融稳定理事会（Financial Stability Board，FSB）制定的遵守标准和守则情况报告（ROSC 评估）作为国际金融监管领域最早创建、唯一由正式国际金融机构开展的较为独立的实施评估，在现有实施评估谱系中占据重要地位。

一是明确评估框架和责任。针对 G20 内达成一致的金融政策，由 FSB 建立一个实施监测协调框架，明确不同组织职责分工、信息汇报和报告要求。各机构成员在该框架内开展评估活动。其中，标准实施常设委员会发挥信息枢纽的作用，负责审查相关标准制定机构或者 FSB 特定工作组起草的实施报告，检视相关领域实施进展、识别重点问题及建议，并将报告提交 FSB 全体会议审议。

二是确保评估资源分配到重要领域。为确保评估资源被优先分配到较为重要的领域，G20 金融改革被划分为优先领域改革与非优先领域改革两大类，对优先领域改革提出了更高的报告要求。针对优先领域，G20 对该领域改革情况评估更为密切频繁，要求至少每年提供一次进展报告，报告每一成员辖内法律法规中对相关改革措施的接受程度以及这些法律法规出台的时间表，来自业界与公众的反馈，实施过程中发现的重要问题和经验教训，以及应对实施中遭遇的重要阻碍或漏洞的建议等。一旦进展报告表明某一优先领域改革措施已得到充分实施，则应立即开展专题同行评估，以评估该项措施在所有 FSB 成员国家 / 地区的实施情况和实施效果，确保不同国家 / 地区、不同行业之间实施的全面性、及时性与一致性，评估预期效果是否达成，识别问题和漏洞，并提出后续行动建议。

三是建立评估后跟踪监测交流机制。在完成评估后，G20 制定针对评估结果的公示和跟踪监测与协助交流机制。为敦促相关国家 / 地区对评估中发现的不遵守规定行为进行矫正，很多评估机制都设有后续跟踪监测机制，以提供持续的声誉压力。以 FSB 国别同行评估为例，被评估国家 / 地区在评估完成后 1—2 年内须提交一份简短说明，阐述其在参照评估报告建议改善方面的进展；国别评估报告所识别的重要问题还将在后续金融部门评估规划（FSAP）和 ROSC 评估以及第四条磋商中得到进一步跟进。对国际标准遵守程度不佳可能是由相关国家 / 地区监管当局监管能力欠缺所导致。针对这种情况，相关国家 / 地区在评估过程中以及结束后可获得与来自 FSB 专家组、国际标准制定机制、国际同行进行沟通交流的机会，以及来自国际货币基金组织（IMF）、世界银行、国际同行、国际标准制定机制、联合国、金融稳定学院等的技术支持。

五、亚洲开发银行

亚洲开发银行的评估主要涉及项目的社会效益、环境影响、经济效益三方面，其基线是以项目的社会、生态效益作为出发点，分析项目区域及周边人群、生态环境的评估。其中，社会评估和经济评估具有相应特点。

从社会评估来看，亚洲开发银行从社会学的角度进行评估，所采用的分析方法以定性分析为主。评价依据“社会评价准则”实施，主要内容包括项目与社会相互适应性分析、公平问题分析、参与问题、持续性问题、机构发展问题、妇女问题、贫困问题。

从经济效益评估来看，亚洲开发银行从项目区域经济总体效益的角度进行评价，所采用的分析方法以定量分析为主。经济效益评估主要包括项目经济净现值、项目经济净现值率、项目经济内部收益率、项目投资净效益率、项目投资净增值率等。

六、亚太经合组织

亚太经合组织（APEC）是一个较为松散的新型国际合作组织，长期以来一直难以建立一个统一的评估标准。由于各国评估行业存在较大差异，为了推进区域内完善有效的评估实践，在 2014 年亚太经合组织财长会议中，21 个经济体财长发布联合声明，国际评估准则委员会（IVSC）展开合作，采用国际评估准则，促进组织内高质量评估工作发展。

第二节 联合国公共政策评估实践

2005 年世界首脑会议召开，鼓励联合国系统各组织加强其评价活动并促进协同开展评价工作，更好地评估本系统对各种发展成果的影响（A/RES/59/250 号决议）。评估工作在联合国越来越受到重视，经过多年的探索实践，联合国在评估领域积累了丰富的实践经验。联合国政策评估组织体系由联合国系统联合检查组、内部监督事务厅、联合国评价小组共同构成。

一、联合国系统联合检查组[①]

（一）组织构架

联合国系统联合检查组（Joint Inspection Unit of the United Nations System，JIU）（以下简称联检组），是联合国系统内唯一受命进行系统范围内的评估、检查和调查的联合国独立外部监督机构，是联合国大会的附属机构，受大会委托开展相关评估工作。

联检组是依照联合国大会 1966 年第 2150（XXI）号决议在试验的基础上设置的。1976 年 12 月 22 日第 31/192 号决议决定确立联检组作为一个常设附属机构，其章程自 1978 年 1 月 1 日起生效。联检组向联合国大会负责并同样向其联合国系统内接受其章程的各专门机构及其他国际组织的主管立法机关负责。联检组作为联合国系统实施改变的媒介和动力，拥有特殊的使命和权力对其联合国系统内部的跨领域问题进行审查，旨在确保各机构的行政效率及组织机构间进一步的协调与配合。成员国一再强调，给予联检组系统范围级的授权是为了使其开展系统范围级的全方位监督，并对组织的内部评估方

① 联合国系统联合检查组官网：https://www.unjiu.org/.

法提出建议和意见，对系统内的项目及其工作进行特设评估。联检组具体职责包括：协助组织的立法机关履行监督本组织秘书处对人力、财政和其他资源的管理；协助各个秘书处提高效率和成果产出能力，实现各组织的任务和工作目标；促进联合国系统各组织之间的协调；探索联合国系统内最佳做法，提出相应标准，并促进信息交流。

联检组以联检组章程、标准和指南为工作依据，由联合国大会任命的 11 名检查专员组成，由 1 名执行秘书领导的秘书处协助其工作。根据大会章程，检查专员对各服务机构效率和资金运用的所有问题都有最广泛的调查权力，并可进行现场查询和调查。检查专员也受命对参加组织进行检查和评估，从而改进管理工作方法，并促进各机构间协调。联检组的工作涉及联合国系统范围内接受其章程的专门机构和其他的国际组织的立法机关和秘书处。这些机构通常被称作联检组参与机构。截至 2016 年，联检组共有 28 个参与机构，他们在联检组的运作中具有不可替代的作用。

（二）评估标准和准则

联检组的评估、检查、调查管理方法是专业评估，涉及不同阶段的利益相关者。这套评估根据统领联检组的整体评估政策的章程，并辅之以一套标准和程序，具体包括：其一，联检组标准及准则（A/51/34/ 附件 I）；其二，联检组内部工作进程，联检组标准和准则要符合联合国评价小组的标准和准则；其三，审查报告准备标准，即一项分四个阶段进行的管理方法，每个阶段都有其足够的时间用于计划和资源分配。这四阶段分别是规划和准备，数据收集和分析，外部讨论，报告确定、交流和知识共享。

联检组的标准和准则是由联合国大会第 50/233 号决议制定的。为了适用于联检组的选择，规划、文件报告、标准和准则定义了联检组的评估、检查和调查，以及审查报告的一般原则。联检组 2020 年共发布 8 份报告。下文将以联检组 2020 年发布的《区块链在联合国系统的应用：进入准备状态》（以下简称《区块链报告》）和《审查联合国系统各组织将环境可持续性纳入主流的情况》为例，说明联检组评估时常见的评估方法。

区块链技术在物理、数字和生物体系间实现融合和互动，是界定第四次工业革命轮廓的诸种技术中的一项。为审查区块链技术在联合国系统各组织的应用情况，联检组在全系统进行调查评估审查，涵盖联检组 28 个参与机构和联合国国际电子计算中心。联检组根据相关规范、标准和准则及内部工作程序，设定评估目标，围绕区块链主要问题，采取定性和定量方法收集数据、分析数据，通过广泛阅览文献，对与使用区块链技术有关的现有政策和做法进行深入的审查和分析，并有针对性地对机构进行问卷调查和访谈。

专栏 2　区块链在联合国系统的应用：进入准备状态

区块链技术在物理、数字和生物体系间实现融合和互动，是界定第四次工业革命轮廓的诸种技术中的一项。尽管这项技术还很年轻，但权衡取舍及确定监管行动和运作框架，也应该是多利益攸关方对话、包括在联合国系统内举行的此种对话的主题。《联合国 2030 年议程》以及随之发出的关于创新的战略呼吁，促使一些组织带头试点应用区块链技术，主要是用于开展业务活动。[①]

一、评估内容

联检组根据其任务规定进行这次审查的目的是从跨领域的角度向决策者（理事机构和行政首长）通报区块链技术的特点并提出建议，同时考虑其潜在的优势和风险。预计评估和分析将有助于缩小联合国系统决策者和区块链市场推广者之间的知识差距，并提高对使用区块链技术的认识和加强问责。

本审查的目标包括：

1. 了解区块链应用程序当前在联合国系统中的使用情况；
2. 汇编这一初期发展阶段的经验教训，并确定良好做法；
3. 找出与使用区块链相关的主要挑战和风险；
4. 探索如何利用区块链的特征，为机构间加强合作和提高效率提供便利；
5. 为拟定关于使用区块链应用程序的指导、标准和框架提供投入支持。

本次审查是在全系统进行的，涵盖联检组 28 个参与组织和联合国国际电子计算中心。在审查中，联检组探讨以下问题：

1. 目前有效使用的区块链应用程序；
2. 最近启动或正在考虑的与区块链有关的项目；
3. 未来可能使用区块链的情况。

在审查中，联检组还探讨了区块链应用可支持和促进哪些与《2030 年可持续发展议程》相关的使用场景。使用区块链创造加密货币本身并不是审查的重点。联检组还考虑和审查了与使用区块链为联合国任务或实地业务活动

① 《联合检查组 2020 年报告和 2021 年工作方案》第 12 页。

供资等潜在用途相关的某些方面。

二、评估方法

联检组在将此专题纳入工作方案之前，开展了初步研究和筹备活动，例如，联检组在其举办的一次国际会议上开展了“关于区块链技术如何帮助我们为可持续发展目标融资的特别对话”（2018 年 4 月 3 日至 4 日）；联检组还与 Geneva Macro Labs 共同组织了“区块链促进影响”会议（2019 年 9 月 26 日至 27 日，日内瓦），上述两项活动都有多利益攸关方参与。

为探讨参加组织业务层面的兴趣，检查专员还于 2018 年和 2019 年出席了其他联合国实体（可持续发展目标实验室、联合国训练研究所）和外交使团（加拿大和瑞士）举办的会议。此外，还出席了一些全球会议，如第二届日内瓦区块链大会和达沃斯世界经济论坛（2020 年）。现有的初步文件包括一份以联合国为重点的报告，由日内瓦国际关系和发展研究生院的 Capstone 研究小组为联检组编写。

本审查是在 2020 年 2 月至 11 月期间在全系统进行的。根据联检组的规范、标准和准则及内部工作程序，编写本报告遵循的方法包括：广泛阅览文献、对与使用区块链技术有关的现有政策和做法进行深入的案头审查和分析、机构问卷调查和访谈。对数据的收集和分析同时使用了定性和定量方法。收集数据的方法包括：

1. 向联检组所有参与组织和国际电子计算中心发送调查问卷；

2. 对联合国系统官员进行结构式和半结构式访谈；

3. 举行临时性头脑风暴会议，参加区块链从业人员会议；

4. 与通过了与区块链有关的具体立法的行业和政府主管机构的代表进行磋商；

5. 与其他国际组织进行对话和磋商；

6. 使用开放源，包括领英、edX 和 Coorpacademy 等平台的在线课程，获得有关区块链的信息，学习相关知识。

拟订的问卷提供两种选择，旨在收集目前使用区块链的组织的意见和了解不使用区块链的组织的期望。联检组所有参加组织和国际电子计算中心都对机构问卷和索取信息的其他请求作出了答复。此外，在进行审查之前和审查期间，大约与 116 人进行了 56 次访谈。在可能的情况下与总部设在日内瓦的组织的代表举行了面对面的会议。因 COVID-19 疫情原因无法进行现场会议的情况下举行了在线访谈。

联检组团队采访了国际标准化组织（ISO）、世界经济论坛和世界银行的工作人员，并受益于他们的介绍；还采访了不同政府主管部门、初创企业、网络和平台，包括列支敦士登公国金融市场创新办公室和 Crypto Valley

Venture Capital（CV VC）、Zimt、瑞士区块链联合会、Bitcoin Suisse AG、Nägele Rechtsanwälte GmbH、Digital Assets Legal Advisors（DALAW）、Old School GmbH、Tezos Foundation、Geneva Internet Platform、Swiss Blockchain Institute 和 Geneva Macro Labs 的法律专家和区块链解决方案提供商。

联检组在评估时还视情遵循 SWOT 分析 8 原则，以了解在联合国系统内有效采纳区块链应用的优势、劣势、机会和威胁。

在编写报告时，只有数量有限的实体实施或试验了区块链应用程序，因此，现有的做法并不代表有统计意义的数量或足够长的时间表，以进行严格的 SWOT 分析。然而，对当前区块链应用的分析提供了宝贵的经验教训，并指出了该技术原则上可支持的工作领域。另一些组织表示非常有兴趣探索区块链的潜力。在报告中，联检组试图以平衡和现实的方式提供指导，提高对区块链的认识，提供与该领域相关的标准化和监管活动的信息，更重要的是，对机构间合作的需要进行预测。

报告在定稿之前采用了内部同行审查程序，征求了联检组所有检查专员的意见（“集体智慧”），还将报告草稿分发给联检组参加组织，以更正事实错误，征求对联检组调查结果、结论和建议的看法。

自 1972 年联合国人类环境会议以来，联合国系统各组织高度重视保护自然环境和相关领域的工作。根据联合国秘书处提交的提案，为评估环境可持续性议题的特殊性及特点，并基于这些特性本组织如何实现环境可持续性，联检组审查了联合国系统各组织在将环境可持续性纳入 2020 年工作方案主流方面的现行政策和做法。此次审查的范围是联合国全系统，涵盖联检组 28 个参与组织，涉及2012至2019年的四个两年期，也审查了可获得的2020年数据。联检组采用综合研究方法，既对联合国系统中各组织与环境可持续性有关的法定任务、政策、准则、监督报告以及秘书长关于这一主题事项的报告进行审查，也通过在线搜索，对其他国际组织、公共和私营部门实体、非政府组织和学术机构有关环境可持续性问题的相关文件进行审查。同时，联检组向 28 个参与机构分发调查问卷，基于调查问卷的答复，同参与组织通过电话和视频会议等方式进行访谈。联检组共访谈实体组织约 500 名工作人员，根据大量数据及调查结果分析，提出 10 项正式意见建议。

专栏 3　审查联合国系统各组织将环境可持续性纳入主流的情况

自 1972 年联合国人类环境会议以来，联合国系统各组织高度重视保护自然环境和相关领域的工作，举行了一系列首脑会议和一般会议，批准了各种公约和条约，通过了各种决议、报告、行动纲领。世界环境与发展委员会的报告（1987 年）和联合国环境与发展会议通过的《21 世纪议程》（1992 年）是这方面的重要里程碑。具有同等地位的还有关于气候变化、生物多样性、荒漠化的三项里程碑式的公约。《我们共同的未来》（2012 年）以及包含 17 个可持续发展目标的《2030 年可持续发展议程》（2015 年）提供了进一步的动力。联合国系统各组织对此反应十分热烈，包括努力将环境可持续性纳入自身的政策、业务、活动。根据联合国秘书处提交的提案，联检组为评估与环境可持续性有关的特殊性和特点，同时为评估这些特点如何使本组织实现环境可持续性，审查了联合国系统各组织在将环境可持续性纳入 2020 年工作方案主流方面的现行政策和做法。

一、评估内容

本次审查的范围是全系统的，涵盖联检组所有参与组织，涉及 2012 至 2019 年的四个两年期。还审查了可获得的 2020 年数据，以了解全系统最近的动态，从而对意愿进行评估。此次审查的目标是：

1. 确定在制定环境可持续性政策方面已达到的阶段，并确定这些政策对联合国系统和联检组 28 个参加组织当前需求和目标的适应程度。

2. 审查各组织和全系统将环境可持续性纳入业务和做法的情况，总结经验教训，同时归纳最佳做法。

3. 评估特定职能领域（如采购、人力资源、设施管理、差旅、会议服务、信息和通信技术）在执行战略方面的意愿。

4. 对治理、问责、协调、风险管理、监督机制在支持实施环境可持续性业务和做法方面的有效性进行审查。

5. 审查其他国际组织在环境可持续性方面的做法是否适宜，以便为联合国系统各组织确定良好做法，并借鉴相关国际标准。一些参照实体参与了这项审查，提供了意见。这些实体包括：经济合作与发展组织、欧洲联盟委员会、国际移民组织、世界贸易组织、红十字国际委员会、红十字会与红新月会国际联合会、国际标准化组织、设在华盛顿特区的世界银行集团、国际自然保护联盟、欧洲核研究组织、世界资源学会等。

检查专员审查了各组织领导层努力迅速适应环境可持续性领域重大决定的程度，还审查了其愿意接受技术进步和创新以实现既定目标的程度。检查专员确定了薄弱环节，查明了关键差距，还从监督的角度评估了关键管理职能如何更有效地加强对可持续性的内部管理，包括查明差距、总结良好做法、确定补救行动。检查专员审查了全系统在环境可持续政策和做法方面的治理、问责、监督架构，还评估了与现行政策和做法相关的潜在声誉风险，并总结了各实体的良好做法和经验教训。

为应对查明的主要挑战，本次审查概述了下列措施：制定将环境可持续性纳入主流的专门政策和相关标准作业程序；将环境可持续性方面的考虑因素纳入具体的内部管理职能领域，如采购行动、人力资源和学习、设施和基础设施、差旅、活动和会议、信息和通信技术、财务和预算、新闻和通信以及伙伴关系；视需要在各实体内设立协调中心；更多地考虑到与环境可持续性有关的成本；改善机构间和机构内协调机制，分享良好做法；确保对工作人员进行有关环境可持续性事项的培训；将有关环境可持续性的问题纳入工作人员调查；改进数据收集；确保定期向立法机关和理事机构报告环境可持续性情况；说服监督机构侧重于监测和评价各实体内部管理领域中的环境可持续性情况。

二、评估方法

检查专员采用的研究方法为混合法，由以下 5 方面组成：

1. 对联合国系统各组织与环境可持续性有关的法定任务、政策、准则、监督报告以及秘书长关于这一主题事项的报告进行案头审查。

2. 对通过在线搜索从其他国际组织、公共和私营部门实体、非政府组织和学术机构获得的环境可持续性问题相关文件进行案头审查，以确定与环境可持续性有关的以下要素：政策、准则、定义、目标、原则、标准、成本效益分析程序、考绩标准、最佳做法、风险。

3. 向联检组所有参与分发调查问卷，内容涵盖以下方面：环境可持续性的理念；关于环境可持续性的立法、政策和程序；关于环境可持续性的决策和管理程序；环境可持续性的演变，包括趋势、制约因素、机遇、风险；内部能力与协调；治理与监督。

4. 与联检组参与组织（通过电话和视频会议工具）远程进行的后续访谈（基于对组织调查问卷答复的分析）。

5. 与其他已确定的国际组织进行访谈，以了解在环境可持续性方面的良好做法和经验教训。

所有 28 个联检组参与组织均对组织调查问卷作出了答复，但详细程度不尽相同。其中仅有 6 个组织提供了财务量化数据，联合国就以下机构提供了数据：总部、总部以外办事处、联合国人权事务高级专员办事处、区域委员会【欧洲经济委员会（欧洲经委会）】、亚洲及太平洋经济社会委员会、西亚经济社会委员会、维持和平行动、特别政治任务、其他实体。

联检组共访谈了来自上文所述实体的约 500 名工作人员和官员。通过问卷答复和访谈获得的所有信息和意见，均本着联检组对于保密原则的一贯尊重予以处理。

必须承认，本次审查有其局限性。有几个组织对联检组的调查问卷只提供了有限的答复。后续访谈并不总能产生显著的附加值，因为各组织指定的一些受访者在该主题事项上的经验和知识往往有限。因此，本报告强调的很多良好做法和经验教训来自少数组织。

在报告所载的 10 项正式建议中，有 1 项是向立法机构和理事机构提出的，有 9 项是向所有联检组参与组织的行政首长提出的，可酌情作为管理改革进程的一部分加以处理。各立法机构或理事机构如能对这些建议明确表示支持，并与行政首长一道核查落实情况，将十分有助于及时有效地落实向各行政首长提出的各项建议。除正式建议外，还补充提出了 55 项非正式建议，或称“软”建议，作为向行政首长和业务流程责任人提出的额外建议，一般以良好做法的形式提出，以实现进一步改进。

（三）评估程序 / 流程

联检组开展评估工作主要分为四个阶段，即规划和准备、数据收集和分析、外部讨论、最后报告确定、交流和知识共享。以《区块链报告》为例，联检组大致按照上述四阶段开展工作。

第一阶段：规划和准备。联检组在将此专题纳入工作方案之前，首先开展初步研究和筹备活动，并确定评估目标及相关规划。比如，联检组在 2018 年 4 月 3 日至 4 日的国际会议上开展“关于区块链技术如何帮助我们为可持续发展目标融资的特别对话”。在 2019 年 9 月 26 日至 27 日与日内瓦宏观实验室共同组织“区块链促进影响”会议，邀请多方多利益攸关方参与调查工作。为探讨参加组织业务层面的兴趣，联检组派员于 2018 年和 2019 年出席其他联合国实体（可持续发展目标实验室、联合国训练研究所）和外交使团（加拿大和瑞士）举办的会议，以及 2020 年第二届日内瓦区块链大会和达沃斯世界经济论坛等全球性会议。

第二阶段：数据收集和分析。联检组采用定性和定量方法，广泛阅览文献，对与使用区块链技术有关的现有政策和做法进行深入的审查和分析，并进行机构问卷调查和访谈。联检组大约与 116 人进行了 56 次访谈，与总部设在日内瓦的组织的代表进行面对面会议，因新冠疫情原因无法进行现场会议时开展在线访谈。此外，联检组团队采访了国际标准化组织、世界经济论坛和世界银行的工作人员，以及不同政府主管部门、初创企业的法律专家和区块链解决方案提供商。联检组在评估时还酌情遵循 SWOT 分析 8 原则，以了解在联合国系统内有效采纳区块链应用的优势、劣势、机会和威胁。

第三阶段：外部讨论。报告在定稿之前采用了内部同行审查程序，征求了联检组所有检查专员的意见，还将报告草稿分发给联检组参与组织，以更正事实错误，征求对联检组调查结果、结论和建议的看法。

第四阶段：报告最后确定、交流和知识共享。联检组形成最终报告，提出 8 项正式建议（联合国系统各组织的理事机构 2 条、联合国秘书长 1 条、联合国系统各组织的行政首长 5 条），针对审查期间发现的问题提出解决建议，以及为未来工作提出指导性建议意见。为便于处理报告、执行报告的建议和监测建议执行情况，联检组在官网上公布报告最终版，并以附件的形式说明报告提交给立法机构和行政首长的情况。

专栏 4　区块链在联合国系统的应用：进入准备状态

一、评估结论

联合国系统对区块链的应用越来越感兴趣，有组织率先试验了区块链项目，它们可以为系统提供宝贵的经验教训和一些有发展前景的做法。暴露出的问题，包括缺乏技术知识、缺乏开展试点项目的资源，以及缺乏利用区块链解决具体问题的意识。

现有区块链应用在质量和数量上都不足以证明其具体核心功能的可用性和相关性。有些假设还没有得到证实；不可更改性和去中心化等特性需要更多测试。迄今为止积累的经验还不足以表明该技术可在金融服务之外大规模使用。

区块链的一些核心特征，如某些区块链应用案例中存在的匿名性或个人对私钥的控制，似乎与联合国系统各组织在其关注的一些领域的做法不符，特别是与人道主义领域的做法不符。当前和潜在用户对区块链带来的新风险的认识正在提高，人们正在寻求折中解决方案，这类方案可能与关于区块链的一般假设相矛盾。

虽然过早对区块链进行严格监管可能会产生适得其反的效果，但用户和解决方案提供者都期望有最低限度的政策和标准，以减少法律不确定性并鼓励创新。

在需要内部技术专长的问题上可能存在分歧，但大多数参加组织认为，积累这方面的专门知识是有用和现实的。创造性地使用开源区块链解决方案是可行的，可以减少供应商锁定和其他形式过度依赖市场的问题。

区块链凭借其网络使命，为机构间合作带来了前所未有的机会，而各自为营的工作方法只会导致资源浪费、重复劳动、缺乏一致性和对商业条款的盲目依赖。

与其他利益攸关方的伙伴关系可以采纳新的形式，但在信任和声誉方面需要遵守现有的规则。

区块链意味着需要在机构间合作方面进行文化变革，例如，同意让领导组织或自愿联盟作为创新努力的驱动力；鼓励集体参与使用区块链，以支持可持续发展目标；联合投资于区块链项目；为合作提供激励等。会员国在实际工作中促进机构间合作的力度不足，它们继续为目标相似的各组织的单独项目提供资助，而并非将合作作为提供资助的条件。

在此背景下，本次审查最乐观的结论之一是，区块链在联合国系统的头几年实践证实，向机构间合作发展这一健康的新趋势已经出现。正在进行的最重要的项目已有两个或更多组织参加，这些项目向其他愿意参加的组织开放，同时在多方投入下制定了可能供全系统使用的标准。正如报告所述，即使是在国家一级开发的试点项目，也有开放和包容的内在使命。

报告试图鼓励采用一种区块链技术允许和支持的、打破各自为营现象的新的协作方法。在必要时真正进入使用区块链的准备状态，应该以机构间合作为基础，这是一个不可逆转的趋势。

二、评估建议

报告包括 8 项正式建议，联检组在建议中提出了对未来行动的指导，旨在解决审查期间发现的问题，建议涉及将区块链的使用纳入总体创新战略和政策；知识共享和能力建设；全系统行动和角色扮演；风险管理。另一项重要建议提出了用于确定适当业务场景的决策矩阵。

这些建议是向联合国系统各组织的理事机构（2 条）、联合国秘书长（1 条）和联合国系统各组织的行政首长（5 条）提出的。

建议 1：联合国系统各组织的理事机构应确保在适用的情况下，将区块链的应用与其他数字技术一起纳入各自组织采纳的创新战略和政策。

建议 2：联合国系统各组织的行政首长应确保对可能的区块链使用场景的审查以项目风险评估为基础，包括对以下问题进行评估：相关组织关于特权和豁免的政策和条例、数据保护情况、保密性、网络安全性、系统完整性和声誉。

建议3：联合国系统各组织的行政首长，如果尚未核准“数字化发展原则”，应在2022年底前核准，作为确保在组织层面就数字化转型，包括就使用区块链的可能性达成普遍共识的第一步。

建议4：联合国系统各组织的行政首长应确保在做出使用区块链的任何决定之前对业务场景和最合适解决方案进行适当考量，以决策矩阵作为指导并进行改进或调整。

建议5：秘书长应与联合国系统各组织的行政首长协商，在国际电信联盟的支持下，在2021年年底前指派一名负责数字技术和相关问题的联合国代表，负责跟踪区块链互操作性标准和旨在实现区块链互操作性的开源项目的发展情况，作为全面考虑该技术所涉政策影响的工作之一，并与所有组织开展相应的合作。

建议6：联合国系统各组织的理事机构应鼓励会员国与联合国国际贸易法委员会合作，就区块链在数字经济和数字贸易这一更广泛背景下所涉法律问题开展探索和筹备工作，包括探讨如何解决争议，以减少该领域的法律风险。

建议7：响应联合国秘书长公布的“数字合作路线图”中关于部署数字公共产品的呼吁而发展区块链应用的联合国系统各组织的行政首长在开发软件时应尽可能遵循开源原则，并将代码提供给其他联合国组织。

建议8：联合国系统各组织的行政首长应通过相关的协调机制，包括在联合国国际电子计算中心的支持下，考虑在2022年底前采纳一个不具约束力的机构间区块链治理框架，供感兴趣的组织使用，以确保整个系统采取一致和连贯的区块链方针，包括针对可能涉及多个联合国组织的项目采取这些方针。

报告还另包含9项“软性”建议。大多数“软性”建议旨在传播良好做法，改善系统层面关于区块链的知识共享。

·“Building blocks”治理框架如获通过，应审查该项目与类似工作的相关性；

·国际电联应定期向所有组织通报数字技术、区块链等分布式账本技术制定的标准；

·应建立一个关于联合国系统正在使用的具体区块链应用及其实施进展情况的信息库；

·各组织应与贸易法委员会秘书处合作，提供相关文件，说明它们在使用区块链支持的应用程序方面取得的经验和教训，以及预计涉及法律问题的需求；

·应建立一个区块链解决方案外部供应商名册，供所有感兴趣的组织参考；

・创建联合国人员数字身份证的工作应当得到支持。

另外2项“软性”建议涉及：区块链解决方案应对参与者有确切作用和责任应完全清楚透明；应从效率角度评估解决方案，而非孤立地进行评估，应考虑长期的管理和维护成本。最后有1项“软性”建议：请各组织考虑在适当和必要的情况下，在组织的培训课程中纳入关于区块链和其他数字技术如何运作的基本培训。

（四）评估结果运用

联检组建立网络追踪系统（Web-based Tracking System），对评估建议的接受和实施情况进行追踪。此系统不仅能追踪参与组织的建议执行能力及相关状况，而且能统计分析相关建议实施数据情况。从数据来看，建议的平均接受率从2014年以后的65%上升到2016年以后的68%，建议的执行率也从2014年以后的82%上升到2016年以后的85%。[①]

根据联合检查组2020年报告和2021年工作方案，2014年至2020年，联检组对全系统及多个组织、单个组织，共出具95份报告、说明和致管理当局函、472份建议。数据显示，2012年至2019年，单个组织报告和说明所载建议的平均接受率为80%，全系统报告所载建议的平均接受率为68%。如图2-1所示，同期，全系统报告和说明所载建议中已获接受部分的执行率为79%，单个组织报告和说明所载建议中已获接受部分的执行率略高（81%），如图2-2所示。

① https://www.unjiu.org/content/acceptance-and-implementation.

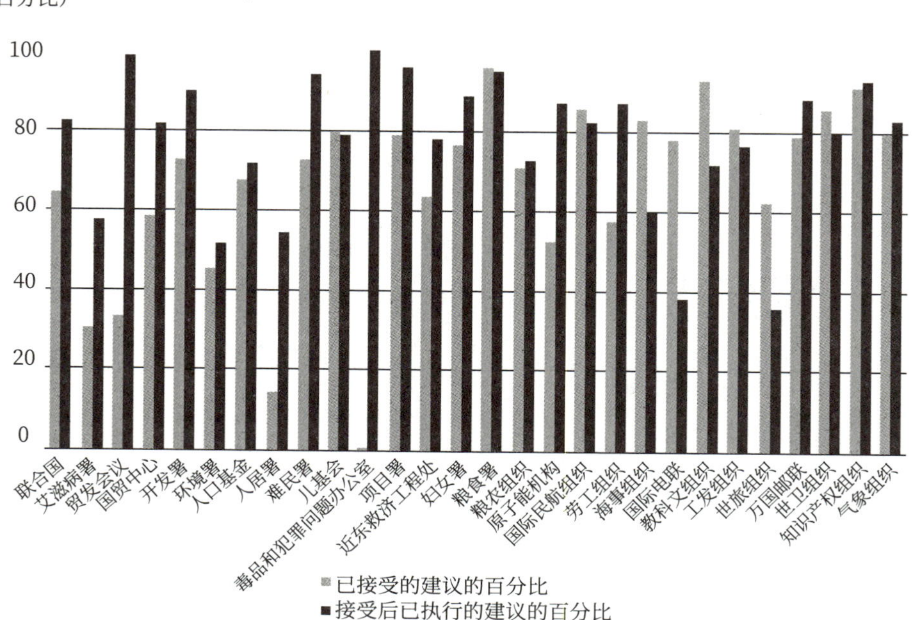

图2-1 2012年至2019年联合检查组各参加组织对联检组建议的接受情况和已接受建议的执行情况

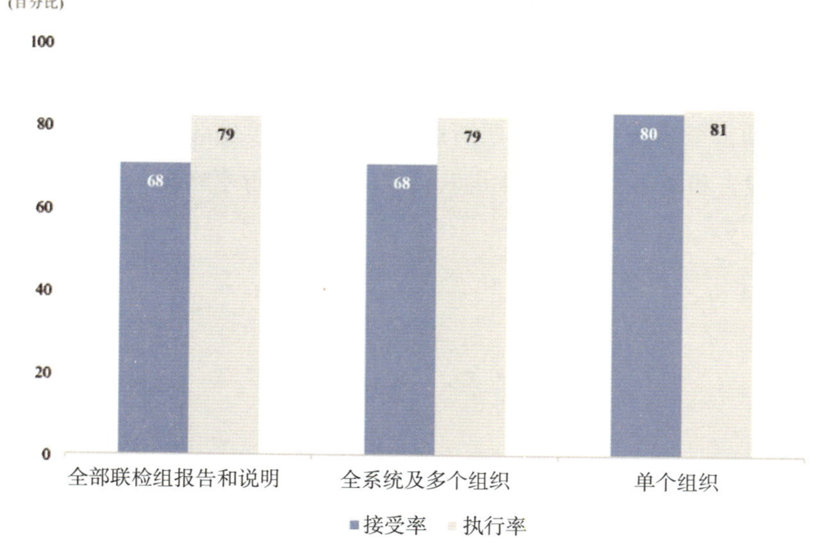

图2-2 2012年至2019年联合检查组建议的平均接受率和已接受建议的执行率

二、内部监督事务厅①

（一）组织结构

内部监督事务厅（Office of Internal Oversight Services，OIOS）（以下简称监督厅），是联合国秘书处的内部监督机构，通过提供内部审计、调查、检查和评价服务，向联合国秘书长和联合国大会提供可靠客观的监督信息，以帮助它们更好地了解联合国面临的风险和挑战，协助秘书长履行监督职责。截至 2020 年 10 月 30 日，监督厅涉及联合国在纽约、日内瓦、内罗毕、维也纳的秘书处，5 个区域委员会，拥有 282 名员工、15 个办公地点。

监督厅根据联合国大会 1994 年 7 月 29 日第 48/218B 号决议授权成立。监督厅在秘书长的授权下，在履行职责方面享有业务独立性，并根据《联合国宪章》第九十七条，有权启动、开展和报告本厅认为履行职责所必需的任何行动，其任务是提供具有影响力的客观监督结果。监督厅设有内部审计司、检查和评价司和调查司三个职能司。内部审计司任务是采用系统、严谨的办法来评估和提高治理、风险管理和控制程序的实效，从而实现各项目标。检查和评价司（以下简称评价司）的任务是努力成为帮助联合国更好工作的最佳信息来源，具体任务包括：就本组织的活动和资源向会员国及公众提供问责制；帮助方案取得更好的结果，以实现其目标和任务；促进联合国管理层、工作人员、利益攸关方和合作伙伴的机构学习。调查司通过调查工作场所的欺诈、腐败、性剥削和性虐待以及其他不当行为，努力保护联合国的人力和财政资源，促进本组织内透明度和问责制提升。监督厅的任务范围包括秘书长领导下的联合国所有活动，具体包括：纽约、日内瓦、内罗毕和维也纳的联合国秘书处；5 个区域委员会；维持和平特派团和特别政治任务；秘书长领导下单独进行行政管理的各基金和方案提供的人道主义行动和援助，比如向联合国人权事务高级专员办事处、联合国环境规划署、联合国难民事务高级专员、联合国人类住区规划署和联合国合办工作人员养恤基金。

监督厅负有向联合国大会和秘书长报告的双重任务。监督厅要将报告提交给秘书长或获授权的方案管理人员。监督厅每两年向大会报告，并在必要

① 内部监督事务厅官网：https://oios.un.org/.

时向大会提交任何其他报告。按最初授权的要求，由联合国大会第五委员会审查监督厅的职能和报告程序。主管监督厅的副秘书长由联合国秘书长同各会员国协商后任命，并由大会核准，任期五年，不得连任。该副秘书长通过提供审计、调查、检查和评价服务，协助秘书长履行其对本组织资源和工作人员的监督职责。

（二）评估方法

监督厅要求业务独立性，根据联合国秘书长的单独授权开展工作，可不受限制地接触工作人员、查找相关文件，主管内部监督事务副秘书长在一定程度上自主掌控监督厅的人员和资源。为确保以最高标准的专业精神和效率开展监督工作，监督厅持续关注联合国各组织变革新情况及挑战，采用企业风险管理框架，查明新出现的问题和潜在的风险。

下文以评价司的工作方式为例，详细说明监督厅相关评估工作。评价司于 2008 年 1 月 1 日正式成立，遵循联合国评价小组的规范和标准开展工作。评价司工作目标是进行高质量评价，通过及时、客观、可信的相关评价，为关键利益相关者的决策提供信息，从而提高这些计划的相关性、有效性、影响和效率。评价司按照严格透明的方法程序，依据相关性、效率和实效（包括影响）的评价标准，评估联合国工作的成果。评价司任务范围涵盖联合国战略框架下的所有实体，负责评价秘书处各方案、部厅、办事处、维持和平行动、特别政治任务以及一些非秘书处基金和方案。产出内容主要包括：计划评估，专题评价，检查、临时检查和评估，关于联合国秘书处评估状况的双年度报告及三年期审查等。

专栏 5　内部监督事务厅检查和评价司的评估设计阶段 ①

内部监督事务厅检查和评价司（Office of Internal Oversight Services Insepection and Evaluation Division，以下简称评估司）于 2008 年 1 月 1 日正式成立，遵循联合国评价小组（UNEG）的规范和标准开展工作。

评估司在评估设计阶段的目标是确定评估的范围，明确将评估哪些方面，在此范围内提出评估问题，以及将如何回答这些评估问题。评估设计会具体考虑在这个阶段显现出来的评估战略性、实践性和方法论的性质。评估

① https://oios.un.org/sites/oios.un.org/files/images/ 评估司 _manual.pdf.

设计阶段开始于初步研究，同时与评估对象和其他利益相关者持续互动，以便更好地了解评估对象及其运行环境，并确定评估的范围、问题、方法和时间表，最终交付高质量的启动文件，说明适当的战略和实际考虑。为保证透明性，启动文件还应当说明评估司如何做出选择以及原因。启动文件是评估司、评估者和其他利益相关方，就评估将如何进行达成共识的核心文件。

一、进行初步研究

在决定进行评价、组建评价小组并宣布项目后，评估司评价小组进行初步研究，以熟悉被评价对象或现有主题的基础知识。初步的研究不仅提供关于评估对象有价值的背景阅读，还对下述问题进行尽职调查，方便数据收集和数据分析的开展。初步研究阶段的典型信息来源包括：秘书长向大会和联合国安理会提交的报告；大会和联合国安理会决议；其他联合国理事机构的正式文件；关于联合国秘书处核心计划职能的 ST/SGB；联合国秘书处计划战略框架、预算提案、分册和计划绩效报告；公司政策和战略；综合监测和文件信息系统（IMDIS）数据；监督厅关于方案或主题的其他评价和审计报告；联检组和审计委员会关于计划或主题的报告；和联合国秘书处计划自我评估报告。评估司通常以请购单的形式要求提供这些文件和任何其他相关文件。除了这些联合国内部资源外，评估司在此阶段还可以咨询外部评价、审查、研究和统计数据。

二、进行范围界定过程

团队主要负责人负责评估范围的界定。评估司质量保证系统（QAS）包括一个范围界定清单，范围界定过程的总体目标是根据关键的实际、方法和战略考虑，划定评估的边界，即它将关注和不关注什么。考虑因素包括：一是战略考虑。明确什么是最高优先级和评估司评估可以切实解决方案中的风险？会员国或被评估者的哪些重大决定可以从评估司评估中受益？哪些评估活动已经完成、正在进行或计划进行，可能会影响正在考虑的各种范围界定选项的效用？评估者的自我评估是否有能力令人满意地完成这些活动？CPC 对本两年期的期望是什么，比如范围广泛或范围狭窄的评价。二是方法考虑。评估司如何对最终结果衡量有效性或影响性？正在考虑的各种范围界定选项的总体可评估性，成功评估的关键要素在多大程度上是可行的？三是实际考虑。应当考虑到评估对象的规模、计划的广度和地理覆盖范围，以及在此阶段出现的各种范围界定选项，评估司的时间和资源付出如何？

三、定义计划或主题影响途径

构建评价方案影响途径或专题影响途径是评估司的标准做法。就评估司而言，两者是相同的，只是它们反映的分析单位不同，即评价方案影响途径描绘了一个方案的整体，而专题影响途径描绘了一个特定的次级方案、政策、主题或联合举措涉及多个程序。因此，评估司主要将前者用于范围广泛的方案评价，而后者多用于范围狭窄的方案评价以及专题评价。

四、选择评估主题

在初步研究基础上，收集范围界定数据并定义评价方案影响途径或专题影响途径之后，下一步是确定所有潜在的优先主题，然后选择其中之一作为评估的重点。在确定主题时，同时考虑垂直和水平导向的替代方案。垂直主题是遵循联合国秘书处计划组织结构的主题，可能是计划的组织单位，如其他司、单位和科、总部以外办事处、外地行动单位，等等。水平主题是那些跨越或由项目的几个或所有组织单位共享的主题，可能是有关活动、过程或结果评估，例如主要实质性领域（减贫、可持续发展、性别等）的总体结果。对这些主题的分析，应包括风险评估，考虑到它们的相对规模，如员工和资源；其运营影响的规模和重要性，如受影响的客户或受益人；以及在特定背景下的绩效或成果，如主题的波动性和复杂性。虽然这份潜在的纵向和横向主题列表不能详尽无遗，但它应该是全面的，涵盖计划的所有活动和单元。

有了潜在主题的列表，下一步是评估主题的优先级和选择，这是通过权衡潜在主题的相对重要性（风险评估结果排名）和所需工作范围的方式，评估小组的时间和资源限制得到的。清单上超出评估司能力范围，或战略上更适合其他时间或其他评估机构进行的其余主题应列在启动文件中，然后提交相关方案管理层或其他相关监督或评估机构，还应酌情在最终评估报告的范围界定部分重申报告的建议。

五、构建评估问题

根据确定的评价主题和范围，评估司制定了一系列评价问题，以探讨与这一范围相关的主要问题。制定和完善评价问题，是评估司评价的核心，是制定评价指标和方法的先决条件。评估问题、指标和方法共同构成了评估设计矩阵的基础，它将这些元素组合成一个有凝聚力的技术工具，指导数据收集和数据分析。评估司提出三种不同类型问题的组合：一是确定“是什么”的描述性问题；二是比较“是什么”和“应该是什么”的规范性问题；三是寻求确定干预“有什么不同”的因果问题。

在制定评价问题时，评估司评价小组考虑以下广泛问题：

1. 被评估者是否在做正确的事情？他们怎么知道？他们是如何衡量的？

2. 被评估者是否正确地做这些事情？他们怎么知道？他们是如何衡量的？

3. 被评估者是否以正确的规模做这些事情以产生影响？他们怎么知道？他们是如何衡量的？评估问题，无论是在项目评估中还是在主题评估中，也不管它们的范围如何，都应该是清晰准确，除了极少数情况本质上是开放式的；围绕评价标准清晰地组织起来，评估司负责评估相关性、有效性、影响和效率；在评估标准内以逻辑顺序呈现；直接且明确地基于评估影响途径，解决选定评估范围所针对的问题的最关键因素；仅限于可管理的数量，同时允许评估实现其问责制和学习目标。

4. 评估司评价小组还应当定义结果或影响层面的有效性，这与实体中取得或未取得的结果以及被评估者工作所针对的利益相关者有关。“为什么”问题以确定影响被评估者的绩效或被评估的主题或政策的关键因素（内部和外部）。与非预期和预期后果相关的有效性或有影响问题；专门针对人权和性别平等的问题；确定过去八年内评估司对评估影响的问题。

在查看个别评价的具体情况之前，评估司评价小组会以通用的关键评价问题单为指导如表 2–1 所示。

表 2–1　关键评价问题单

评估标准	评估的关键问题
关联性：计划的附加值	· 假设的投入 – 产出 – 结果链的有效性如何？ · 联合国秘书处的计划实施情况，是否如评价方案影响途径中描述的一样，在多大程度上满足了不同利益相关者（例如会员国、目标受益者）的需求和要求？ · 大会任务与评估者工作的专题或计划目标之间的一致性如何？ · 鉴于设计以来的变化，规定的目标、提议的成果和产出在当前背景下是否有意义？ · 主要利益相关者对评估对象的目标和活动的满意程度如何？
效率性：方案工作的及时性和成本	· 产出的及时性、频率、周期、时间跨度是多少？ · 产出需要哪些财政和人力资源（投入）？ · 输入与输出如何比较？ · 生产率与国际相比如何？ · 是否有成本更低的替代策略来促进结果？ · 治理和管理结构、流程在多大程度上促成或阻碍了产品和服务的交付？

续表

评估标准	评估的关键问题
有效性和影响性：所取得的直接成果，以及方案在与其工作相关的影响方面做出的贡献（长期成果）	·评估方案影响途径中显示的直接结果、实际发生的情况如何？ ·如果它们正在发生，是谁/什么导致了它们（计划特征还是外部因素）？ ·如果它们没有发生，为什么不发生（程序特性还是外部因素）？ ·如果正在发生直接结果，它们是否会导致 PIP 中的其他结果和影响？ ·可能发生哪些意外（正面还是负面）结果（由于项目或外部因素）？ ·实际发生的正面和负面结果的程度如何？ ·不同关键利益相关者群体的满意度如何？ ·伙伴关系安排的效力如何？

六、选择指标

指标是定量（数字）或定性（叙述）变量，旨在提供一种清晰、直接的方式来回答评估问题。定性和定量的良好指标组合，可以更明确有意义地探索差异，同时数量上明确且可实际衡量。通常，评估者可以帮助选择有用的指标。

七、选择最合适的评估设计

此步骤是确定回答每个评价问题的总体战略，具体通过实验设计、准实验设计和非实验（描述性）设计这三大类评估设计。

1. 实验研究有助于提供干预措施与观察到的结果或影响之间的因果关系、相关关系的证据。可以帮助评估者评估在没有特定干预的情况下，是否会实现预期的结果。它们用于解决因果评估问题。

2. 当无法建立实验组和对照组时，准实验研究可通过对比之前和之后情况获得测量值。准实验研究比实验研究更快、更便宜，但数据可靠性较低。

3. 非实验（描述性）设计，如案例研究，提供了对一种现象或多种现象之间关系的深入描述。它们通常用于回答描述性评估问题。它们有助于显示联合国秘书处的计划和政策是否按计划运作，对所提供服务进行反馈，确定计划和政策是否产生了期望的产出和成果类型，并帮助澄清计划和政策过程、目标和目的。

八、规划数据收集

评估司评价小组通过与被评价者协商，确定所需数据的类型，确定数据来源，并商定数据收集方法。为确保收集高质量和可信的数据，评估司评价小组会收集多个数据源的数据，并使用混合数据收集方法的不同类型数据的组合。

九、撰写高质量的初始论文

初始论文篇幅通常为 8 页至 15 页，主要内容具体包括：

1. 评估对象的背景；
2. 评估司做出决定时所遵循的程序；
3. 评估目标；
4. 评估范围，包括涵盖的内容、不涵盖的内容以及原因；
5. 先前所有的评估、审查或审计；
6. 未来检查或评估工作的机会；
7. 评估的问题；
8. 评估设计的矩阵；
9. 选择的所有案例，以及选择的过程和理由；
10. 利益相关者映射；
11. 人权和性别主流化；
12. 所使用的顾问；
13. 评估风险的策略，包括与被评估者的工作安排；
14. 所用的策略，即潜在的决策和行动评估如果受到影响，是否考虑一个或多个参考组等；
15. 评估时间表；
16. 所需资源。

监督厅设置评价各阶段质量保证清单，以保证评估的质量。以 2021 年 3 月 22 日发布的《联合国秘书处工作人员与有关人员对防止性剥削和性虐待的预防、应对和对受害者提供帮助的评估》为例，此次评估开展 7 次实地访问、263 次半结构化访谈、53 次焦点小组讨论，覆盖 27 个秘书处实体、9 个机构、22 个会员国、12 个非政府组织，以及 5 个社区内网上投诉者以及性剥削和性虐待的受害者，访谈和焦点小组讨论参与者 46% 为女性、54% 为男性。同时，监督厅分析了 2015 年至 2018 年期间 356 起性剥削和性虐待指控的数据，以及特别协调员办公室就该问题进行的三次年度调查。通过上述定性和定量相结合的方式，监督厅提出联合国改善对性剥削和性虐待的应对措施。

（三）评估程序 / 流程

根据《检查与评价手册》规定，监督厅将检查与评估分为八个基本步骤，分别是公告、评估设计、数据收集、数据分析、准备报告、公示传播、评估后的内部管理、跟进建议（见专栏 6）。《检查与评价手册》还明确评价的标准周期，具体分为日常预算方案和专题评估、维和资助评估两个不同的轨道如表 2–2 所示。

表 2–2　内部监督事务厅标准评价周期

		日常预算评估	维和资助评估
预算账户类型		日常预算	支持性账户
整体时间表	初始文件界定项目范围、起草和定稿	4—6 月	3—5 月
	数据收集与分析	7—11 月	6—10 月
	报告起草	12 月—次年 3 月	11 月—次年 2 月
	报告最终确定	次年 3 月	次年 2 月

专栏 6　《检查与评价手册》八个基本步骤

一、公告

评估司办公室主任签署备忘录，公开评估司未来两年期的工作计划后，评估司指定的科长或评估组组长将非正式地联系联合国秘书处计划进行评估的评估负责人，讨论初步技术和战略性质的问题。这为被评估者提供了一个机会，将可能影响评估的关键因素，例如，目前正在进行的主要评估、最近的领导层变动等，告知评估司。它还使评估司有机会得到对其尽职调查必不可少的未公开的材料。在与被评估者进行非正式磋商，或者在主题评估的情况下，与对政策负有全面责任的实体，讨论评估的总体时间和性质之后，新的评估工作正式分配给评估司评估小组，组长需要起草一份正式评估通知备忘录，评估司负责人将其发送给被评估部门的负责人、监督厅副秘书长和内部审计司司长，以及 BOA 和 JIU。评估司会编写了一份信息手册，向广泛的利益攸关方告知内部监督事务厅的工作内容和具体评价。宣传手册通常包含以下信息：1. 评估司的背景和任务；2. 评估目的和目标；3. 评估范围和方法；4. 关键评估问题；5. 评估时间表和将发布的报告类型；6. 评估小组成员。

二、评估设计

评估设计阶段的目标是确定评估的范围，明确将评估哪些方面，在此范围内提出评估问题，以及思考将如何回答这些评估问题。评估设计会具体考虑在这个阶段显现出来的评估的战略性、实践性和方法论的性质。评估设计阶段开始于初步研究，同时与评估对象和其他利益相关者持续互动，以便更好地了解评估对象及其运行环境，并确定评估的范围、问题、方法和时间表，最终交付高质量的启动文件，说明适当的战略和实际考虑。为保证透明性，启动文件还应当说明评估司如何做出选择以及原因。启动文件是评估司、评估者和其他利益相关方，就评估将如何进行达成共识的核心文件。（具体见专栏 5）

三、数据收集

从评估设计阶段开始，数据收集的目标是收集可用的最佳证据。评估司最常使用的数据收集方法包括采访；典型人群调研；管理部门自身的调查；实地调查，也称为人口调查；直接观察；书面审查，也称为文件审查；案例研究；实地考察。评估司采用的不太常见的方法有独立专家评估、远程监控。评估司使用这些方法的具体组合取决于 4 个因素：1. 评估问题及其对应的指标和数据来源，如评估设计矩阵；2. 分配给评估的人力和财政资源；3. 可用于数据收集的时间；4. 数据的可用性和可用数据的类型。

评估司在评估的评估设计阶段已经考虑了这些因素，并在启动文件中阐明了其选择。也就是说，一旦开始收集数据，围绕这些因素的一些问题就很常见，尤其是数据可用性因素。这样评估司在数据收集阶段往往不得不重新评估其对数据收集方法的选择。在数据具有相关性的情况下，评估团队为每种数据收集方式制定抽样策略、抽样框架、选择标准和抽样技术，并相应地抽取样本。为确保数据分析和报告起草开始时数据随时可用，评估司评估小组必须商定一个系统，以跟踪各种来源的传入数据，如物理记录设备或电子工具。

四、数据分析

数据分析是评估司评价小组处理收集到的数据以回答评价问题的阶段。如果评估结果、结论和建议以证据为基础并具有说服力，就必须进行高质量和严格的数据分析。实际上，数据收集和数据分析在某种程度上经常重叠。例如，虽然仍在通过电话采访收集数据，但评估司评价小组可能已经开始分析调查答复和书面文件。同样，个人分析的结果，例如特定的文件审查，可以在数据收集阶段开展实时讨论。尽管如此，数据分析阶段构成了评估过程中的正式步骤，在该阶段中，所有数据都被汇集在一起，并针对评估问题进行整体审视。

数据分析具体可分为定性数据分析与定量数据分析。1. 定性数据分析被称为内容分析。应用内容分析是为了以系统的方式审查不同类型的文件，包括主要和次要信息来源，以便使评估中收集的大量定性数据井然有序。评估者可能正在寻求识别数据中的模式，包括概念的频率或它们之间的关系，如访谈或文档中提到的单词或短语所表示的那样。最终，这种寻找模式的过程有助于评估司评价小组作出推论。评估司使用两种标准类型的内容分析：（1）概念内容分析，其涉及概念的频率；（2）关系概念分析，其重点是概念之间的关系。2. 定量数据分析。在最简单的定量数据分析形式中，定量数据分析仅涉及将与评估问题相关现象的数字或百分比制成表格。当抽取随机样本从而对一个整体进行概括时，评估司的定量数据分析也可能涉及对数值数据应用统计方法或检验。这些方法的复杂程度从非常简单的描述方法到非常复杂的多变量分析。适用于评估司工作的统计概念分为三大类：（1）描述性统计，即显示当前情况或条件；（2）关联统计，即看各变量是如何一起变化的；（3）确定性（或因果）统计，即查看一个变量的变化如何影响另一个变量。

五、准备报告

准备报告是为评估而进行的数据收集和数据分析的最后阶段。在此阶段，评估司评估小组将其分析，转化为关于联合国秘书处计划有相关性、有效性、有影响性、有效率的清晰连贯并引人注目的描述。评估司评价报告应当实现该司在其评价方案影响途径中强调的最终目标，即及时、客观、可信和相关的信息，供利益相关者用来提高方案绩效。至关重要的是，评估司的报告必须始终及时，并保证最高质量，具体需要解决的问题如表 2-3 所示。评估司质量保证系统（QAS）包括一个清单，帮助评估小组跟踪报告起草过程的重要要素。此外，评估司的报告跟踪工具必不可少，可确保团队达到报告起草阶段的所有主要里程碑。

表 2-3　评价报告汇总需要解决的要素

	评估主题和重点的简短描述
评估的主题和范围	1. 评估的重点（主题）； 2. 有关评估涵盖（或未涵盖）的时间段、地理区域、预期结果等信息，以及选择的原因（范围）。

续表

评估的目的	一般来说，评估的目的是为了问责、学习和／或决策，也解释了进行评估的原因： 1. 谁要求他们这样做； 2. 如何使用评估结果。 目标解释了评估试图实现的目标。
评估的关键标准和问题	有关评估标准的信息和关键评估问题的摘要。
评估期	应指明评估活动的时间和持续时间。
评估报告的结构	理想情况下，一个简短的段落介绍评估报告的章节及其内容——例如，“报告的组织方式如下：……”。

六、公示传播

根据评估司的指导方针，所有评估司的评价都有报告传播和后续行动的计划。该计划的某些要素由标准操作程序规定，特别是在大会授权评估的情况下，其他要素根据具体情况确定。在可能的情况下，评估司评价小组应在评价设计阶段就已经考虑过其传播战略，并在初始文件中尽可能多地说明在评价的早期阶段已知的计划。

标准操作程序遵循的报告传播方面如下：1. 通常所有最终报告、大会报告和非大会报告都放在评估司内联网上。它们还与监督厅副秘书长办公室、监督厅内部审计司、调查司、联检组和审计委员会共享，并通过一名官员进行评估。备忘录除了介绍报告的标准语言外，还向评估人员传达了在规定的时间范围内完成管理层回应和建议行动计划的要求。对于所有报告，管理层的回应都附在最终报告之后。2. 大会报告是公开文件，因此放在监督厅内联网和互联网网站上。3. 为促进利用，在评价完成后，评估司至少与被评价者接触一次，以进一步讨论评价。

七、评估后的内部管理

在向大会部提交最终评价报告后，评估司开始对报告开展后续三项主要活动，即报告注释、文件管理、课程学习。1. 报告注释通常涉及对报告中每个结果陈述和结论背后的数据源进行脚注。例如，如果结果陈述是基于某些调查答复做出的，则应引用调查问卷、问题编号和答复以支持该陈述。2.2008年评估司开发了一个内部档案管理结构，以确保该司的所有信息以一致和有效的方式得到维护。所有对评估至关重要的材料都应以清晰可辨的方式保存，这确保了评估团队可以在需要时轻松地访问相关文档，并帮助未来的评估团队。3. 评估司拥有完善的学习机制。在每次检查和评价结束时，评估司评价小组与其科长一起召开一次经验教训会议，讨论在执行过程中哪些方面做得好，哪些方面做得不好。该项目评估司的其他工作人员应邀参加这些会议。

八、跟进与建议

从 2011 年开始，监督厅引入了一个新系统，将建议分为关键建议、重要建议和改进建议三类：1. 关键建议是指解决治理、风险管理或内部控制流程中的重大或普遍缺陷的建议，从而就计划目标的实现提供合理保证。2. 重要建议是针对治理、风险管理或内部控制流程中可报告的缺陷或弱点的建议，明确在实现计划目标方面可能存在风险。3. 改进机会是指不符合关键或重要建议标准且仅在后续监督活动中适当跟进的建议。一旦评估司报告定稿，评估司的行政支持人员将建议输入系统并跟踪。进入问题跟踪的所有数据都是通过一个称为推荐表的屏幕完成的。推荐表的数据必须由组长签字，然后是科长。在跟踪过程中，指定的评估司问题跟踪协调人收到对建议状态的评估并答复，由组长进入问题跟踪。如果组长不再为评估司工作，则科长会指派另一个人负责该项目的问题跟踪，通常是另一个小组成员或科长本人。团队负责人确保回复的完整性，并直接跟进不回复情况，提出问题或要求提供支持文件。完成后监督厅副秘书长办公室将汇总数据，将监督厅的年度和半年度报告编制统计数据提交给大会第五委员会，主任最终要对这一过程阶段建议数据负责。

（四）评估结果运用

根据监督厅官方网站显示，监督厅 2021 年形成 426 份报告，提出 896 项建议，其中包括与和平行动有关的建议。监督厅提出的 758 项建议 99% 被接受。[①] 如图 2-3 所示。

① https://oios.un.org/.

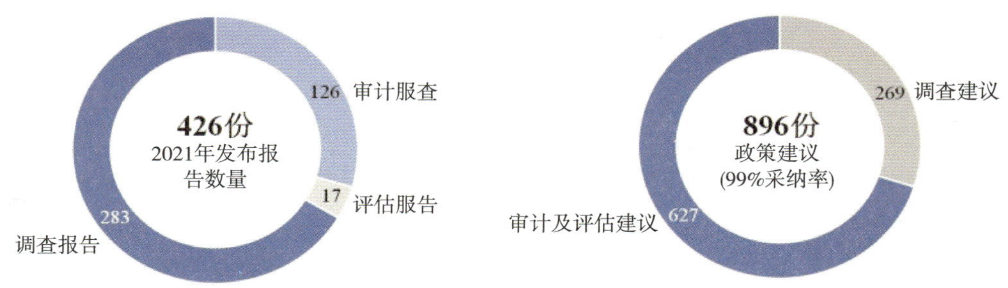

图2-3　内部监督事务厅2021年成果

三、联合国评价小组[①]

（一）组织结构

联合国评价小组（United Nations Evaluation Group，UNEG）（以下简称评价小组）成立于1984年，是一个机构间的专业网络协调机构，目前由50个成员和观察员组成，汇集联合国系统内，包括联合国各部门、专门机构、基金、方案和附属组织等负责评价的单位。

评价小组致力于促进整个联合国系统的评价职能和评价的独立性、可信度和实用性，倡导评价对于学习、决策和问责制的重要性，并为联合国系统内外的评价人员和团体提供支持。评价小组为评价实践的加强和协调一致提供支持，为保证联合国评价职能提供可靠和有用的证据，以推动联合国系统实现其目标工作。根据《2020—2024年联合国评价小组战略》，可以得知评价小组的作用、愿景和使命以及三大战略目标，即制定和维护专业规范、标准和指南，提高自身专业度，通过评估影响政策制定和实行。

评价小组2005年通过基础性文件《联合国系统评价规范和标准》（以下简称《规范和标准》），通过明确评价小组成员所需共同遵守的基本原则、评估小组成员进行评估时各项具体标准，促进在联合国系统内评估工作的协同。2016年4月，修订的《规范和标准》在日内瓦召开的联合国评价小组年度大会讨论，并获得一致通过。由此，2016年版《规范和标准》[②]成为评价小组关

① 联合国评价小组官网：http://www.uneval.org/about.

② http://www.unevaluation.org/2016-Norms-and-Standards.

于评价能力、同行审评和行动标准的框架，在开展任何评估时，应遵守 10 个一般性规范，并体现 4 个制度性规范。

（二）评估规范标准

评价小组采用的评估方法主要源于 2016 年版《规范和标准》。该文件对评价做出明确的定义。评价就是对一项活动、项目、方案、战略、政策、主题、专题、行业部门、业务领域、机构绩效等开展的尽可能系统、公正的评估。评价使用适当标准，如相关性、效果、效率、影响以及可持续性等，通过对结果链、程序、各影响因素以及因果关系的检验，分析预期的和非预期的已经取得结果的实现程度。评价应该提供以事实根据为基础的信息，这些信息必须可信、有用，并能够使评价的发现、建议及经验及时地纳入组织和利益相关者的决策过程中。评价的目的是促进问责制和学习。评价旨在理解预期和非预期结果的实现程度及原因，并分析这些结果的影响。评价能为规划设计、方案拟订、预算编制、执行与报告等活动提供信息，并有助于循证决策，提高发展有效性和组织有效性。

2016 年版《规范和标准》规定了 10 项一般规范，明确了有利的环境、评价政策、评价职能的责任、评价的使用和后续行动 4 项联合国系统内评价的制度性规范，以及体制框架、评价职能管理、评价能力、评价的开展、质量等 5 项评价标准。该文件还进一步明确，评价方法必须足够严谨，并能形成完整、公平、不偏不倚的评估。评价方法应当保证所收集的信息有效、可靠、充分，能够满足评价目标，并且要保证在分析时逻辑具有相关性和完整性，而非猜测或基于意见。评价应使用三角交叉原理验证结果，即使用多个来源的数据和多种方法，包括应该收集什么信息、信息的来源、为何种目的收集信息，以及收集到的数据将被如何分析以回答评价问题等内容，还应当明确分析数据时将使用什么标准评估每个评价标准或问题。该文件还指出，评价本身并不是决策，而是为决策者提供工作绩效及实践经验的知识与证据，应该有益于决策过程，协助改善当前的和未来的活动、项目、方案、战略和政策。

专栏 7　2016 年版《UNEG 评价规范和标准》10 项一般规范

1. 国际公认的原则、目标和具体目标。在联合国系统内，评价主要负责人和评价人员有责任在其评价实践中，维护和促进联合国所承诺的原则和价值观。他们尤其应尊重、推动和促进《2030 年可持续发展议程》中的目标和具体目标。

2. 实用性。在委托和开展评价时，应有使用分析结果、结论或建议、为决策和行动提供信息的明确意图。通过评价结果运用，应当为组织的学习、合理的决策和结果问责制做出相关及时的贡献，体现评价的实用性。通过创造知识和赋予利益相关者权能，评价结果也可能在组织外部做出贡献。

3. 可信度。独立、公正和严谨的方法是可信度的基础。可信度的关键要素包括透明的评价过程、涉及利益相关者的包容性方法和健全的质量保证体系。评价结果和建议来自于对能够获取的、最佳的、客观的、可靠的和有效的数据进行认真、明确和明智的使用，以及对证据进行准确的定量和定性分析，这些手段也为评价提供了依据。可信度要求评价人员开展评价的方式合乎道德规范，并体现专业和文化能力。

4. 独立性。评价的独立性对可信度是必要的，它影响评价的使用方式，并允许评价人员在评价过程自始至终保持公正，免受不必要的压力。评价职能的独立性包括两个关键方面，即行为的独立性和组织上的独立性。（1）行为的独立性指不受任何一方的不当影响进行评价的能力。评价人员必须有充分自由，能公正地开展评价工作，不得承受对他们的职业发展产生负面影响的风险，并且必须能够自由地表达他们的评估意见。评价职能的独立性是评价人员自由获得他们应该拥有的评价对象信息的基础。（2）组织上的独立性要求中央评价职能的定位独立于管理职能，它负责设置评价议程，并获得工作开展所需的资源。组织上的独立性也确保评价主要负责人可以全权酌情地向适当层面的决策者直接提交评价报告，以及直接向一个组织的管理机构或行政负责人报告。评价职能负责人被赋予不受任何一方的不当影响而直接委托、编制、发布和在公共领域传播有质量保证的评价报告的独立性。

5. 公正性。公正性的关键要素是客观、有职业操守、没有偏见。在评价过程的各个阶段都需要公正性，这些阶段包括编制评价计划、确定评价权限和范围、组建评价小组、接触利益相关者、实施评价并形成结论和建议。评价人员必须公正，这意味着评价小组成员必须从未（预计不久的将来也不会）直接负责被评对象的政策设置、设计或管理。

6. 道德规范。评价的开展必须符合最高的道德准则，并尊重社会文化环境的信仰、礼仪和习俗；尊重人权和性别平等；并尊重人道主义援助的“不伤害”原则。评价人员必须尊重机构和个人秘密提供信息的权利，必须保证敏感数据得到保护，而且不能追溯到其来源，必须和相关信息提供者验证报告中的陈述。评价人员使用私人信息提供者提供的信息时，应取得知情同意。评价人员发现不道德行为的证据时，必须谨慎地向主管机构（如有关的审计或调查部门）报告。

7. 透明度。透明度是评价的基本因素，它能建立信任和信心，增强利益相关者的所有权，并促进公众问责。评价所产出的内容应能够让公众访问。

8. 人权和性别平等。普遍认可的人权和性别平等的价值观和原则需要纳入评价的所有阶段。评价人员和评价主要负责人有责任保证这些价值观得到尊重、落实和发扬，巩固对“绝不让任何一个人掉队”原则的承诺。

9. 国家评价能力。有效利用评价能对问责制和学习做出宝贵贡献，并因此证明加强国家评价能力的行动的正当性。根据联合国大会 A/RES/69/237 号决议，响应会员国的要求，对国家评价能力予以支持。

10. 专业性。开展评价时应秉持专业精神和道德准则。专业精神将提高评价人员、评价主要负责人的可信度，并对评价职能做出贡献。专业精神的主要方面包括获取知识，教育和培训，遵守道德规范和相关标准，充分运用自身评价能力，认可相关知识、技能和经验。这些应该由有利的环境、体制结构和足够的资源来提供支持。

（三）评估流程 / 程序

评价小组评估流程主要包括评估可评价性、评价团队的遴选与组建、参考小组和利益相关者的参与、评估质量保证体系、评价报告与披露五个方面。

1. 评估可评价性

对可评价性的评估应作为初始步骤，以增加评价能够为决策提供及时、可靠信息的可能性。保证可评价性是管理层和负责方案设计、结果框架的工作人员的职责。对于评价人员，可评价性评估意味着验证以下三方面内容，即被评对象是否具有明确意图；是否能够获得充足的数据，或是否能以合理的费用收集到这些数据；是否存在可能妨碍公正评价过程的重要因素。如果没有建立可评价性，评价人员必须采取措施来解决这一问题，比如，重建评价理论，重新调整评价范围或时机，或者咨询评价专员以调整期望。可评价性评估也会促使管理者做好评价准备工作。

2. 评价团队的遴选与组建

根据 2016 年版《评价规范和标准》，应当通过公开、透明的过程遴选评价小组成员，选择时要考虑到评价所需的能力、观点的多样性，以及与当地民众有效沟通的能力。团队的核心成员应当是有经验的评价人员。与评价的公众问责职能相称，评价人员或评价团队必须通过透明和竞争的过程进行遴选。评价团队的核心成员必须是有经验的评价人员，他们应具备有关方法论方面的专业知识。在选择外部评价人员时，应避免可能导致偏见的做法，比如，选择对于某主题事项有强烈专业意见的人。这种情况下，让他们发挥咨询作用更为恰当，并且应该对他们的观点进行三角验证。组建评价团队时，应注意实现性别平衡和地域多样性，以便反映不同的视角。为了更好地理解国家和区域的背景和观点，并提高当地居民的可接受性，如果可能的话，应当选择来自有关国家或地区的专业人员。当评价需要接触当地居民时，聘请当地专家时要考虑各种因素，包括当地语言技能、文化和性别敏感性，种族或部族从属关系和潜在的利益冲突。

3. 参考小组、利益相关者的参与

在评价的规划、设计、实施和后续行动中，利益相关者的包容性和多样化的参与，对保证相关性、可信度和评价的使用至关重要。应当据此设计参考小组和其他利益相关方的参与机制，还应当建立流程，以保证可能受到评价影响、影响评价建议实施或会长期受到影响的个人或各方的参与。在评价的规划、设计、实施和后续行动中，应当咨询利益相关者。可以使用多种机制咨询广泛的利益相关者，如关于评价设计的协商会议、初步结果的验证研讨会和评价后的学习研讨会。此外，可以成立不同类型的利益相关者小组，以便他们继续参与，如参考小组、学习小组、指导小组和咨询小组。

4. 评估质量保证体系

2016 年版《评价规范和标准》明确规定，评价职能负责人应保证存在适当的质量保证体系。质量保证机制一般在评价的设计和最后完成阶段引进。适当的质量保证机制关注评价过程及其产品。根据评价职能的结构，该机制可采用内部同行审评或外部审评进行操作。无论哪种情况，评价职能负责人均应保证审评的客观性，或者由在整个评价过程中提供指导和监督的内部或外部的专家提供质量保证。

2016年版《评价规范和标准》提出评价设计质量控制与评价最后阶段的质量控制两个阶段。在评价设计阶段，应通过检查以下方面是否符合要求来进行质量控制：一是工作范围明确，包含所有必要元素；二是范围和方法与所分配的预算和时间相适应；三是方法适用于达到评价目标；四是方法能够保证稳健的三角数据的收集，并形成可靠的分析和结果；五是评价设计能够充分反映人权和性别平等标准；六是评价过程应经过充分的协商，以保证其相关性和实用性；七是评价团队应具有适当范围内的专业知识；八是遴选评价人员的过程应保证吸纳可能的最佳人选，并避免利益冲突和其他道德问题。而评价的最后阶段，应当通过检查以下方面是否符合要求进行质量控制：一是评价根据保证质量的方法和过程开展，对其中产生的分歧进行了适当处理；二是为保证可信度，数据有充分和适当的来源；三是结果基于有效分析；四是结果、结论和建议逻辑一致；五是进行了充分协商，以保证评价的准确性、有效性、相关性和实用性。

5. 评价报告与披露

最终评价报告的结构应符合逻辑，并包含循证结果、结论和建议。评价产生的产品，应当根据预期用户的需求而设计。为了巩固组织的公众问责制，主要评价产品，包括年度报告、评价计划、工作范围、评价报告和管理层答复，应当能够公开访问。评价计划以及在计划实施方面取得的进展也将报告给理事机构或管理层。评价要求理事机构或管理层对提出的评价建议作出明确答复，阐明责任和问责制。管理层应将评价结果和建议纳入政策和方案。

评价报告的呈现方式应当以目标读者最为清楚、简便的方式访问相关的信息，不应包含过多的与总体分析没有直接关系的信息。评价的读者应该能够理解以下内容：一是评价的内容和原因（目的和范围）；二是评价是如何设计和开展的（评价问题、方法和限制）；三是发现了什么、以什么证据为基础（结果和证据）；四是就主要评价问题，从调查结果得出了什么结论，以及如何得出这样的结论（结论）；五是有什么建议（建议）；六是如果有建议，从评价中能学到什么（经验）。建议应紧紧依托证据和分析，以结果为导向，具有可执行的现实性。

交流和传播是评价不可或缺的重要部分，评价职能应有注重加强评价使用的有效的交流和传播策略。根据 2016 年版《评价规范和标准》，传达的信息包括以下内容：一是来自评价的主要结果和建议；二是评价的相关性、对组织有效性和运行的贡献；三是评价中指出的成功案例和良好实践，包括采纳了评价结果和建议的案例；四是组织的评价经验和技术能力；五是任何优秀的评价创新或产品；六是评价的进展情况。还应当把评价的重点信息清晰地传达给利益相关者、可能使用评价产生的信息和知识的潜在用户。主动有效的交流和传播有助于评价的使用，不仅有助于实现公众问责目的，也有助于知识建设和共享、经验交流和良好实践的推广。

第三节　世界银行公共政策评估实践

世界银行公共政策评估在一系列开发援助项目中发挥了重要作用。世界银行围绕发展减贫、伙伴关系等重点工作，建立以结果为导向的多种方法结合的评估模式。随着更复杂、更高要求的政策项目执行，世界银行设计更为复杂的评估方案，运用多种理论、信息来源或分析类型来验证评估，结合多数据来源、方法、理论，克服单一评估者、单一方法、单一理论研究所造成的偏见，开展相应的政策评估工作。

一、评估主体

世界银行的政策评估主体可以是内部评估者、外部评估者或者参与性评估者。组织内部人员进行的评估为内部评估，由向捐助者、合作伙伴或实施机构的管理层组织的单位或个人进行评估。与此相反，评估由资助方、合作伙伴和实施机构以外的单位或个人进行的评估称为外部评估。从外部评估主体来看，世界银行独立评估局（Independent Evaluation Group，IEG）（以下简称评估局）作为世界银行的独立评估机构，通过对特定项目进行公正、有据支撑的评估活动，为世界银行运行和发展提供参考，其评估成果直接向世界银行董事会报告。

内部评估与外部评估各有利弊。内部评估人员通常比外部人员更了解该计划、项目或政策，内部评估者也能问出最相关和中肯的问题。然而这种优势也可能成为劣势，内部评估人员可能与计划、项目或政策过于接近，而不能进行客观的评价，且更容易受到项目决策者的压力或影响。此外，外部利益相关者可能认为内部人员不如外部人员可信度高。外部评估者通常有更专业的评估技能，且独立于项目的行政和财务决策，令评估更有可信度、专业性和客观性。当前，参与式评估越来越被重视，成为第三种重要的评估方法。参与式评估即为项目代表与项目利益相关者共同进行评估。评估主体通常要进行以下活动：与所有主要利益相关者协商，管理评估预算，对评估工作进行规划，确定评估的有效性，收集、分析、解释和汇报调查数据与结果等。

二、评估范围和标准

世界银行的评估范围包括国际复兴开发银行（IBRD）、国际开发协会（IDA）、国际金融公司（IFC）和多边投资担保机构（MIGA）开展的项目和服务。评估局开展的评估根据问题的性质不同，分为战略或系统问题评估、国别或项目评估、组合绩效评估等几种类型。

以发展援助政策为例，世界银行政策评估包括五个标准。一是相关性，政策的目标在多大程度上符合受益者的要求和受援助的国家需要，该目标是否为全球优先事项，以及其他发展机构对该国的政策；二是有效性，衡量该援助活动目标的完成程度；三是效率性，通过定性和定量的方式评估投入和产出之比；四是影响性，评估该政策执行过程中产生的直接或间接、有意或无意的积极与消极影响。衡量标准包括对当地社会、经济、环境和其他发展指标的主要影响和效应；五是可持续性，对一段时间内净收益流动风险的适应能力，可持续性在评估一些资金撤出后的活动或项目时非常重要。

三、评估方法

世界银行的评估包括社会评价、生态环境评价、经济与财务评价、管理机构评价、技术评价等五部分。其中，社会评价、生态环境评价、经济与财务评价是主要方式。

社会评估。社会评价是项目设计中用以分析社会问题和构建利益相关者参与框架的一种评价方法。社会评价作为一种分析工具，提供了一个研究框架，将社会问题分析和利益相关者参与结合到项目设计中。世界银行的项目社会评价着重研究项目的社会可持续性，即项目与社会协调的问题，项目与所在地互适性分析，研究项目与人之间的关系问题。世界银行对其资助的项目的一项研究表明，社会评价与项目的高回报很有关系。研究成果表明，增强社会文化的适应性的确与经济回报有关系。社会评价可以提高项目的成功率、收益率，使得社会福利最大化。

生态环境评估。根据可行性研究中拟建项目的性质、规模、建设地区的环境现状等有关资料，对建设项目的实施及投产后可能造成的环境影响进行评估，主要内容为所在地区的环境现状可能造成的环境影响，主要的污染源和污染物的种类、名称、数量、浓度或强度，排放方式、资源开发可能引起的生态变化依据的环境保护标准，拟采取的措施，环境保护投资概算，环境监督机构等。

经济与财务评估。经济评估以能否提高人们的总体经济效益来评估，其经济评价的思想是项目能否实现“以人为本的经济可持续发展”。在项目的经济评估中，对几个可供选择的项目设计方案进行成本效益分析，从而选择一个最能达到项目可持续发展目标的方案。世界银行项目的经济评估要研究项目的成本与收益，要对项目进行详细的经济分析，分析它们所花费的成本和为项目区域所带来的好处，这种好处通常用经济回收率、经济挣现值等指标来表示。这些指标是根据不同货物的影子价格求得的。

四、评估流程

在政策评估过程中，世界银行首先进行内部评估，项目负责部门根据最新的进度报告，对该项目进行全方位评估，并根据评估结果对项目进行分级，一共有四个等级，即全部实现、大部分实现、部分实现和未实现。然后，由内部评估人员和外部评估人员（即评估局）在政策实施的国家进行考察，对项目实施成果进行检查。

评估人员将根据该项目当初设定的多个目标是否完成来衡量该项目的完

成情况。除了对目标完成程度评估外，评估人员也将对这些衡量指标进行评估，评估这些指标与当初项目制定目标是否有明确合理的联系。如果由于突发事件而导致项目未完成一些指标，则项目执行方必须做出合理解释，并提出新的替代指标。如果指标仍在计划中而项目组未能采取行动使目标实现，则该目标将被评定为“未实现”。然后对该项目各项指标完成情况进行汇总，根据指标的完成程度确定该指标的分数，最后，对一系列指标得分进行汇总，总体评估结果分为六个等级，即高度满意、满意、一般满意、适度不满意、不满意、高度不满意。同时，世界银行也将对项目组人员进行效绩评估，对项目组在项目规划和项目实施的表现进行评估考量，将项目组效绩分为四个等级，即优秀、良好、一般、差。这些效绩评估也将作为项目评估的一部分被参考。如图 2-4 所示，世界银行采用“十步法”开展以结果为导向的监测和评价。

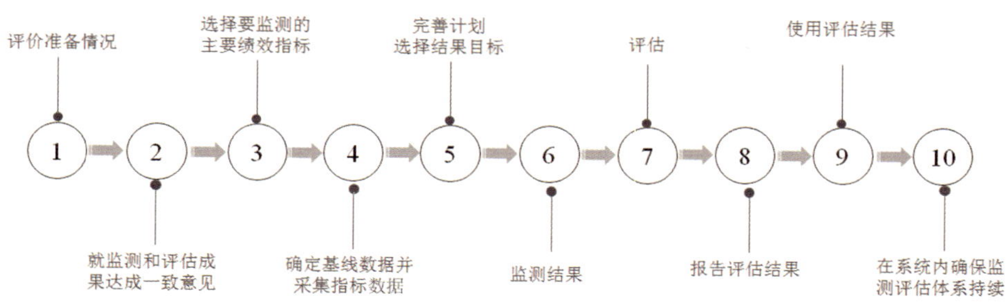

图2-4　世界银行以结果为导向的监测和评价步骤

五、评估结果运用

在世界银行采用“十步法”开展以结果为导向的监测与评价体系中，最后形成的监测与评价报告具有不同的用途，包括向公众和利益相关方展示成果、作为学习教育的资料、开展项目可行性调查研究分析、获得相关利益相关方支撑的证明等，主要用途是传递信息，告知信息使用者通过随手偶记分析和解释评价信息得出的发现以及相关的结论。

评估有多种类型，不同的评估应用于不同的场景。评估可以是形成性的、总结性的或者前瞻性的。形成性评估旨在提高效绩，一般在项目的实施阶段进行，对项目的实施情况进行评估以更好地完成项目。形成性评估的一种类型被称为中期评估，中期评估有助于识别项目哪些部分运行良好，哪些部分存在问题，从而对项目进行改进和调整。总结性评估指在项目结束时进行评估，以确定项目达到预期结果的程度。总结性评估回答了项目的效绩、影响、可持续性以及经验教训等，帮助决策者决定是否要对项目进行复制推广、拓展或规划，为决策者的后续计划提供参考。前瞻性评估是对所倡议的项目、计划或政策的可能结果进行评估，比较类似于可行性评估。前瞻性评估综合了早期研究的成果，对新项目、新计划进行分析以得出可能的结果，供项目执行者进行参考。

评估局作为一个独立的评估组织，承担着评估国际复兴开发银行（IBRD）和国际开发协会（IDA）活动，国际金融公司（IFC）在私人领域的发展工作，以及多边投资担保机构（MIGA）的项目与服务。评估局主任直接向世界银行董事会报告。行动记录管理数据库是记录根据评估局的建议采取后续行动的工具。2012年，世界银行同意对评估的结果和建议采取具体的、可衡量的行动。因此，评估局每年都会对管理层进行四年内的行动计划进度评估。自2015年以来，为了更准确地捕捉行动计划的实施进度，评估局和世界银行管理层引入了新的评级，并开始使用5分评级表。如2015年发布的《世界银行集团自我评价体系报告》[①]，行动记录管理数据库记录评估局在管理方面所做的努力。在评估局方面，世界银行管理层筹建了评估小组工作组，对过去的项目进行盘点，同时创建了新的企业指标管理。在世界银行管理方面，共计采取五项措施，包括成立工作组，以便更系统地探索评估小组备选方案；讨论建立影响评估的中央储存库；深入分析选定的评估小组，了解如何为新政策实施和对既有政策调整提供建议；确定世界银行在IDA国家支持的影响评估的新企业指标；建立内容翔实的网站，包括培训和学习资源、案例研究、特定公民参与机制经验等一系列资源。

① 《世界银行集团自我评价体系报告》，世界银行评估部官网，https://ieg.worldbankgroup.org/mar/behind-mirror-report-self-evaluation-systems-world-bank-group-6.

根据《2018 年成果和业绩报告》统计，四年后约有 52% 的评估局的建议得到执行。[①] 针对流程烦琐、高级管理层和董事会成员参与度有限、执行力不足等问题，评估局于 2019—2020 年对行动记录管理数据库流程进行改革，以便更好地、更有意义地跟踪、对话和评估银行集团管理层执行专家组的建议，更好地支持实施环境影响评估建议的问责制。发展效能委员会在 2020 年 9 月 25 日的会议上批准了行动记录管理数据库改革。世界银行评估部将每年发布其行动记录管理数据库验证报告，行动记录管理数据库将根据世界银行评估部的建议、所设想的结果，基于定性分析进行更新校准。

专栏 8　上海低碳城绿色能源机制项目实施计划

世界银行于 2013 年开始实施上海低碳城绿色能源机制计划。该项目以长宁区为重点，通过高水平推进绿色能源计划，支持上海低碳城市发展。该项目有两个组成部分：一是由全球环境基金赠款资助的近零排放建筑物部件的技术援助和增量支助。二是由国际复兴开发银行（IBRD）贷款资助的低碳投资部分。全球环境基金部分将主要就政策、融资机制、减排成本曲线（绿色能源建筑、清洁能源供应和绿色交通）中确定的关键减排方案的商业模式提供技术援助和能力建设活动，以支持长宁区政府实现碳强度减排目标。它还将支付零排放建筑附近试点的部分增量成本。IBRD 贷款将侧重于建筑的低碳投资，因为长宁区的大部分碳排放来自建筑改造。

项目总成本约 1.1 亿美元，通过向多家银行融资贷款以及获得捐赠的形式，世界银行团队、国际金融公司以及长宁区政府三方合作。2018 年该项目正式完成并通过验收。该项目意义深远，一是催生了长宁区政府的两项低碳环保政策，即《低碳发展专项资金管理办法》和《公共建筑节能基准管理办法》。后者被认为是一个突破，因为它是上海首个公共建筑能源绩效基准的“强制性政策”。二是完善了长宁区在线建筑能源平台的评估、管理、监控，为验证改造建筑能源能效提供了机会。该平台覆盖长宁 187 座公共建筑，帮助公共建筑管理人员优化和维护建筑节能系统，评估建筑节能效果，参与各类节能技术测试等。三是展示了改造 NZE 建筑（零能耗建筑）的可行性，该项目将虹桥国宾酒店 9 号楼作为目标，成功完成了对该楼的零能耗改造。该次实践积累的方法流程可以被广泛参考和学习，为未来大规模低碳建筑改造提供范本。另外，该项目使长宁区能耗大大降低，67 个建筑改造子项目每年节约 8 万吨煤炭当量的能源，二氧化碳减排达到 19 万吨。

① 《IEG 政策管理改革报告》，世界银行评估部官网，https://ieg.worldbankgroup.org/sites/default/files/Data/Evaluation/files/marvalidationreform.pdf.

在项目实施的前、中、后期阶段，世界银行都对该项目进行了评估工作。根据 PMO（项目管理办公室）准备的报告，世界银行监督项目进展并在必要时讨论改进措施。

1. 执行项目年度计划。在年初，PMO 将准备年度计划报告，在报告中，PMO 要详细说明来年将开展的活动。包括来年所需要的经费预算和预期支付安排。在取得长宁区政府批准和世行同意后，年度计划报告中所详述说明的活动可进行实施，除非合同费用超过了世界银行规定的限额。而对于年度计划中未说明的活动，若由于事先未意识到该活动重要性，则可以在取得长宁区政府批准和世行同意后执行。若该活动金额小于一万美元，则可无需请求世行同意。PMO 要在每年的 10 月 31 日前将年度计划草稿提交世行审查，在 12 月 31 日前取得世行意见。

2. 半年度进展报告。为了使长宁区政府和世界银行及时了解该项目进展，PMO 要准备半年度报告，半年度报告可以采用汇报表的形式进行准备，其中简要描述项目中每个活动在该半年取得的进展和当前的状况。在项目实施的第一个半年度，世行项目组和其他有关方将对 PMO 准备的汇报表进行评论，PMO 将根据评论意见，把汇报表完善成为简明易懂、方便快捷的汇报系统。

3. 年度进展报告，在每年开始前两个月内，PMO 要准备项目年度进展报告，详细介绍项目在上一年取得的进展以及年末项目状况。世行将会对该报告提出意见。

4. PMO 还需提供详细的项目中期报告，对项目期间开展工作、中期所有活动状态、项目指标情况进行汇报，总结项目经验教训，提出整改方案。除此以外，在项目结束时 PMO 要准备一份详细的项目终期报告，对项目期间开展的工作、项目结束时所有的活动状况进行综述。

世界银行每年将组织两次监督考察。为提高考察效果，PMO 必须做好准备，并保证所有员工到场。世界银行将在考察开始前六周通知 PMO。为了监控项目的进展，评价项目成功与否，项目实施计划制订了相关的执行指标。PMO 要保证严格遵循指标。当项目进展不大或目标未能满足时，PMO 应及时和世界银行评估局共同讨论实现目标所存在的问题，以找出解决方法。

第四节　经合组织公共政策评估实践

20 世纪 80 年代以来，经济合作与发展组织（OECD 以下简称经合组织）总结历史经验和理论发展，引入新比较经济学分析框架，发布监管影响评估（Regulatory Impact Assessment，RIA）分析标准，通过比较监管政策实施前后的两种均衡状态下，各个经济主体获得的利益与承担的成本，并赋予不同经济主体不同的权重，对社会整体利益的影响做出评价。

一、评估监管体系

经合组织监管体系由监管政策、监管机构和监管工具三部分构成，三者相辅相成。

（一）监管政策

监管政策指清晰、灵活、连贯一致并以提高监管质量为目的的政府整体性政策，其中包括政策目标、政策行动以及行动法规。经合组织认为，将 RIA 融入监管政策是十分关键的，通过立法、总统令等最高政治层级推动实施 RIA，是提升监管政策质量、减少监管阻力以及激励监管目标实现的最好方法。

（二）监管机构

监管机构是确保监管政策能够执行的关键。监管机构一般分为两种：一是中央层面的监管机构。政府内监管的协调非常重要，可通过中央统筹协调机制实现。该机构可确保政策的整体性，为监管工具的使用提供技术支持，确保政策的客观和有效。二是独立监管者。独立监管者是监管结构中重要的一环，他们致力于提高监管质量，保证监管的专业性和可靠性，保证评估不会受到不正当干预。独立评估者在现有评估体系中占有重要地位，他们促进了监管治理透明度、稳定性与专业性的提高。

（三）监管工具

经合组织总结其成员国改革监管体制的经验，建议使用六种提高监管质量的工具，即行政管理的简化、监管影响分析（RIA）、信息透明与信息沟通、监管措施的替代政策的比较与选择、监管政策的遵守与执行、支持行政公正和责任追究。推进监管改革、提高监管质量，主要在于对监管工具的开发、运用与创新。

二、评估标准和原则

监管改革的目的是追求更好的监管质量与效绩，以实现善治。当今的监管改革与评估需要在一个足够宏观的分析框架中加以讨论，并且应纳入经济、社会、政治等多元观点来分析探索当前多重监管活动中的问题及其制度的创新。而这正是一种朝向监管治理的改革发展趋势，其不仅重视最有经济效益的监管工具的选择，更在意监管的合法性基础与民主统治精神的发扬。监管治理是一种更为积极的监管改革理念，它突破传统监管改革只是在监管手段方面的改造，更强调监管目的的正当性与合理性。监管治理认为，监管改革不仅需要从经济与成本效益的角度出发，找出最低监管成本的监管方式，更需从政治与官僚的角度出发，以彻底检查分析监管的真正目的，并在制度上做出设计与安排，以防止监管俘获（监管俘获理论，指监管机构与被监管的产业利益集团在监管政治过程中的相互关系）的发生。

为提升政府监管质量，增进监管治理的成效，经合组织提出十项监管决策要点。一是问题是否得到清晰的界定；二是政府行动是否合理；三是监管是否是政府行为的最佳形式；四是监管是否有法律基础；五是监管应该由哪一级政府实施；六是监管的收益是否能够大于成本；七是监管对全社会造成影响的分布情况是否透明；八是监管规则是否清楚、一致、可被运用者理解和掌握；九是监管影响所及的利益相关方是否都有机会表达意见；十是如何实现监管遵守。

为避免监管俘获和监管失灵，经合组织还提出以下四项原则。一是透明原则，指监管过程必须对公众公开，并接受公众检查；二是责任原则，指监管措施必须对公众或是代表公众的议会负责；三是目标原则，指监管措施应聚焦于所要解决的问题，而不应该再衍生出额外或者第三者的成本负担；四是一致原则，指监管决策的一致性与可预测性。特别是针对发展援助项目，2018 年至 2019 年，经合组织在评估相关应用情况并总结回顾结果，修订评估准则和原则，对经合组织 DAC 评估准则的定义和应用进行重新审视和修订，最终确定评估准则，即相关性、有效性、效率、影响、可持续性和一致性。

三、评估内容

经合组织认为，规制影响评价运作程序并无单一模式可循，其具体制度设计应考虑各国的政治、经济、社会、文化及法律背景。根据评估分析的时间顺序，将评估分为事前评估与事后评估相互联系的两个部分。事前评估是监管方案出台前对该方案实施后可能造成的影响进行评估。事后评估则指监管方案实施后对现行监管的实际影响进行的评价。

事前评估一般包括初步监管影响评价、进一步监管影响评价和最终影响评价三个阶段。初步监管影响评价是形成监管提案的基础。如果备选方案中，监管方案产生的总收益的现值大于其带来的总成本的现值，并且其净收益的贴现大于其他任何方案净收益的贴现，则形成监管提案；否则，便采取其他方法解决问题。进一步的监管影响评价会对监管提案的成本和收益分析做出修正。最终的监管影响评价是出台监管方案的依据，它以进一步的监管影响评价提供的信息和分析为基础，并对咨询结果做出反应。如果咨询过程中发现监管提案存在重大问题，则需要对监管提案进行修改，反之，则形成最终的监管影响评价，出台监管方案。监管方案付诸实践后，事后评估对其实际产生的经济影响、社会影响、环境影响以及对可持续发展的贡献进行评价，与事前评估时建的基准进行比较，为今后的监管决策提供信息。

四、评估方法和程序

经合组织在实施过程中通过运用统一的成本收益分析方法对规制（包括拟定和既有）成本、收益及影响进行分析和评估，即一个规制影响评价实则是一份为政策制定者提供决策支持的分析报告。首先，需要确定规制的根本目标；其次，以同样的方式对所有有助于实现特定政策目标的可替代性政策选择进行分析和评估，以告诉决策制定者是否有必要利用规制实现特定政策目标，同时确保决策制定者在对不同政策效果进行充分了解和辨别的基础上做出最佳选择，如图 2–5 所示。

经合组织将 RIA 作为一项政府官员制定决策的辅助工具，帮助政策制定者进行绩效评估、对规制政策的必要性做出准确判断，也协助政策制定者理性决策、提高监管质量。在决策过程中，经合组织运用 RIA 更好地了解规制方案产生的各种可能性影响，并以有效方式将这些信息反复传达给决策者，从而有效地作用于相关拟议及现有决策。

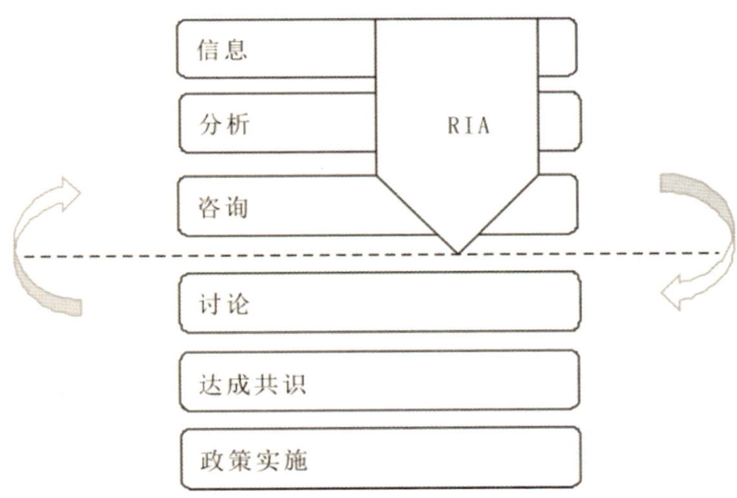

图2–5　政策制定过程中运用监管影响评估示意图

五、评估结果运用

经合组织的政策评估主要是对发展项目的评估，对发展项目进行独立评估可以提供信息，以说明是哪些因素发挥作用，哪些因素没有发挥作用，以及为什么这些因素能发挥作用。经合组织提供了政府可以展开合作、分享经验并寻求共同问题解决方案的平台。①

特别值得注意的是，针对发展援助项目，经济合作与发展组织发展援助委员会发展评估网络（OECD DAC Network on Development Evaluation，以下简称发展评估网）是发展援助委员会的辅助机构，目的是通过支持稳健、公开而独立的评估，以提升国际发展项目的效力。作为评估学习与合作平台，发展评估网络开发出了共享标准，加上巴黎宣言的指导，非常有助于发展中国家的评价实施与合作。2005 年的巴黎宣言和 2008 年的阿克拉行动日程使经济合作与发展组织在政策评估的历史上影响重大，改变许多国家应对全球挑战的方式。② 它们通过对十几年发展经验的总结，建立在所有权、结盟、和谐、结果导向、共同责任五个核心原则基础上。这些原则已经取得了许多国家的支持，并取得了许多实效。2010 年《发展评估质量标准》更是强调，评估建议应当得到系统回应，每个建议中目标机构的相关人员应当采取行动，包括正式的管理层回应和后续行动，还应当跟踪所有商定的后续行动，通过问责制以确保实施。

专栏 9　经合组织环境评估步骤和程序

1. 经合组织（OECD）秘书处派 1—2 人进行为期一周的短期基本访问，内容包括访问涉及环境保护政策制定的主要的政府机构；访问一些环保政策的实施单位，诸如大学、公共实验室、企业等，以深入地观察环保相关研究和创新的运作体系及其效果；评估参数的确定范畴，其中包括背景报告的准备及其内容，评估团体的成员组成，未来步骤的计划。

2. 由专家和国内事务部人员组成的专家小组准备一份背景报告。这份报告提供了对环保政策系统的整体描述，具体包括用适当的参照物对环境保护所作的努力和得到的结果、参与研究与发展的部门、政府政策的目标、机构和项目以及主要的政策问题等进行阐述和评价。重要的是这份报告必须以正式的形式和中立的态度对整个政策系统加以描述，不能对大家一致认同的主要政策问题避而不谈。

---

① OECD 官网：http://www.oecdchina.org/about/index.html.

② 《发展评估质量标准》，OECD 官网，https://www.oecd-ilibrary.org/docserver/9789264083905-en.pdf?expires=1633755249&id=id&accname=guest&checksum=BC39C8E69D7E18BEFE3B07C17A38BB9E.

3. 一个评估小组进行为期一周左右的访问。这个评估小组的成员包括3至4名资深专家，称作“考官”。通过与一系列的关键组织和实施者的见面和交流后，他们把重点放在他们认为是最重要的问题上，通过对这些问题的评估，给有关政府提出相应的政策建议。在这过程中，OECD秘书处充当小组发起人和协调人的角色。

4. 评估小组准备一份考官报告，这份报告相当于背景报告1/3的篇幅。在这份报告中清楚地阐明考官的意见，并系统地提出政策建议。撰写这样的一份报告通常需要几个月的时间；有时为写好这份报告，评估小组的一些成员或秘书处的人员会再次拜访这个国家。一旦评估小组的成员们对这份报告的草稿达成一致意见，这份报告就以机密的形式呈交给要求评估的国家的有关权威机构，以修正与事实不符的数据和错误，同时也防止由于缺乏政治敏感性而导致的判断上的问题和失误。

5. 在被评估国的首都讨论考官报告，由经合组织各国涉及环保政策方面的政府代表参加（原则上，由经合组织成员国资助经合组织在科学技术方面的工作，包括对经合组织科学专员费用款项的支付）。讨论通常需要一整天的时间。这种讨论使考察评估小组的成员与负责环保政策的有关官员得以面对面地商讨关键的问题以及解决这些问题可能的政策方法。

6. 出版考官的报告、背景报告和经合组织评估会议的概要（一般在评估会议结束后，需要6个月的时间来准备和完成出版工作）。有时也会再次在该国安排一次会议，以鼓励政府进一步对他们的环保政策予以必要的关注。从秘书处的首次访问到评估会议的结束，整个过程大约需要9到12个月的时间。

整个评估过程最直接也是最直观的结果，是在评估过程中准备的、并以后由经合组织出版的那两份报告，以及随评估大会而诞生的概要。背景报告提供了对一国环保政策系统最新蓝图的描绘，而考官的报告则提供政策导向。一般而言，这种政策导向包括：一是环保政策的关键要点及其相关的薄弱环节。二是组织机构的设置，如环保部门在国家行政等级系统中的地位、由它支配的财政资源以及其他手段，环保部门的组织架构等。三是项目管理与不同的环保项目规划。四是绿色产业服务的发展，如信息、评级和标准化等。五是创新条件以及对新的环保技术和模式结果的利用，包括诸如企业家能力、融资渠道等相关课题。六是环境保护与绿色产业的跨国合作机制。七是中央政府与地方政府之间在环境保护政策制定、资助方面的关系等。

第三章｜发达国家公共政策评估实践

第一节　发达国家公共政策评估概述

国外发达国家较早开展评估公共政策，美欧各国政府广泛重视公共政策评估。20 世纪 60 年代以后，公共政策评估形成若干次国家范围的实践浪潮，60 至 70 年代在加拿大、瑞典、德国和英国展开，80 年代扩展到丹麦、法国、荷兰、挪威、瑞士、希腊、意大利、西班牙、波兰、捷克、斯洛伐克以及日韩等亚洲国家。90 年代以后，随着各国政府改革推进，公共政策评估在世界范围内进一步成为研究的热点。由于国情、发展背景不同，西方发达国家公共政策评估模式各有差异、各具特色。

一、法国实行社团型政策评估模式

受法团主义价值取向影响，法国更倾向于选择社会市场模式。各级评估委员会均由来自国会、行政机关、审计法庭、社团组织、私人评估机构等方面的相关专业人员构成，分别代表不同利益，以评估委员会集体意见对评估异议进行裁决，这是一种相对独立的评估模式。评估过程中采用公众听证会形式保障公众参与，有效实现对政府机构的监督制约。法国赋予评估机构一定的特权，以保证公共政策评估的有效性。评估过程中，报告人如认为有必要，可以组织向新闻界开放的听证会，以收集与问题相关的个人及组织的意见，听证会的小结作为报告的附件，一并体现在报告中。这样形成的有价值的报告，将直接用于公共政策的立法讨论和预算参考。法国评估人员都要接受资格认定，并承担评估法律责任。法国有专门的评估师培训学校，大学毕业生要经过专门的学习，通过严格的考核才能成为评估师。

二、荷兰实行共治型规划与公共政策评估模式

受多元主义价值取向影响，荷兰通常选择多维共治模式。国家强调开放、创新的评估文化，政府、议会、社会都参与规划和公共政策评估。该模式既有法律规定确保政策评估规范化，对评估人员的资质提出明确要求，以保证评估工作的专业性、独立性和客观性，也允许一定范围的弹性，使绩效指标和评估流程因评估对象不同进行调整，确保评估处于较为协调、适用的状态。荷兰的公共政策评估在责任制趋向（国家审计局）、检查监督制趋向（议会）和项目开发评估趋向（第三方评估机构）三个互不相关的维度上演进，并逐步成为当前世界范围内较为成熟、完善的评估体系。

三、日本实行垂直型规划与公共政策评估模式

受威权主义价值取向影响，日本通常选择政府直接干预模式。政府内部设置行政评价或绩效评估机构统一组织规划与公共政策评估，评估机构归属于政府体系。评估方式以自评估为主，同时引入第三方评估，鼓励公众参与。这种以行政主体自评估为主的模式，能够促进以计划为中心的管理方式转向以结果为导向的管理方式，促使政府各部门发现管理中存在的问题，努力改善本部门绩效。日本政府的政策评估系统是以各部门的自评估为基础，总务省评估作补充。日本内阁办公室、各部门在内的行政主体应开展政策评估以提升政府管理的效果和效率，确保政府行为严格履行对公众负责的责任。

日本政策评估具有自身特征。一是评估体现以公民和结果为导向的责任政府理念。日本政策评估采用以自评估为主的模式，体现了以计划为中心的管理向以结果为中心的管理转变。评估目的在于提高政府的运行效率，接受国民监督，履行向民众说明解释政策的责任和义务。政府可根据政策评价的结果，优化政策的制定与执行的过程，实现以民为本的高效优质行政。二是评估充分发挥专家与学者作用。政策评估既强调专家学者参与评估的重要作用，也倡导运用科学的手法并不断加以改进。三是评估重视结果的反馈与运用。PDCA 评估管理模式保障了评估结果的实用化，使评估结果在政策调整中发挥重要作用。政策评价的重要价值在于在政策评价过程中，不断发现政策在制定与执行过程中的问题，根据存在的问题，逐步调整政策运行方向，保

证政策的目标能顺利实现，同时也满足政策制定与执行过程中回应性要求。四是评估向综合性、参与性转变。日本 PDCA 管理模式下建立了从事前评估到事后评估的完整评估体系，同时结合绩效及成效监测等方法，将评估与制定计划（如预算）紧密结合起来，并成为管理的一个重要环节和手段。

四、韩国实行垂直型规划与公共政策评估模式

受威权主义价值取向影响，韩国通常选择政府直接干预模式。韩国是较早开展公共政策评估的国家之一，并将公共政策评估纳入政府绩效评估。在 20 世纪 60 年代初，韩国政府已经开始对政策和项目进行评估，当时主要集中在投入和产出的测量上。到 80 年代中期后，政府绩效评估侧重于对政策和项目的效率和效益的测定。金大中上台后，改革传统政府绩效评估制度，发展了一种以公共政策绩效评估为重点的新评估体制（制度评估）。2001 年韩国通过《政策评估框架法案》，明确规定政策评估原则、评估主体、评估类型、评估程序、评估结果的使用和公开等。2006 年 4 月，韩国政府实施《政府业务评价基本法》，该法的实施把原先依据不同法令进行的片面的或重复的各种评估制度，综合为一体，使之系统化，确立了一体化的绩效评估制度。韩国政府绩效评估工作的开展由政府绩效评估委员会统筹，委员会由 15 名成员组成，包括 4 名部长和 9 名来自民间的专家。委员会由总理和一位民间专家共同主持。其中政府政策协调办公室主管政策评估方面的工作，下设政策分析和评估办公室，由一名部长助理分管。

五、欧盟实行政策影响评估模式

欧盟通过政策影响评估实践对拟议或现有规制政策所产生的社会、经济和环境影响有效分析和评估，评估覆盖政策自提案、制定到颁布、实施的全过程。在国际经验和成员国反向推动下，欧盟建立了以调整经济、社会和环境等领域的规制政策为对象，以成本收益分析、成本效率分析、成本标准模型和风险不确定性分析为方法，以提高规制透明度、降低规制成本和增强规制质量为目的的规制影响评估体系。

具体而言，欧盟公共政策评估体系具有四方面特征。一是评估目标为“更

好的规制”，而非“减少规制”，即以最低成本实现政策和法律制定的目标，确保在利益相关者的参与和最佳证据原则下，以透明方式作出政治决定。二是综合考虑规制政策的成本和收益。评估重点不仅在于减少规制成本、降低监管负担，更侧重改善和提高规制质量。三是评估贯穿可持续发展原则。综合评估重大政策对现在和未来的经济、社会、环境的影响。四是政策影响评估在必要性、相称性、辅助性、透明性原则指导下进行。总之，欧盟重大政策评估体系为决策提供了系统、完整、科学的依据，对提高公众参与度和政策质量具有重要意义，并为促进欧盟规制政策一体化、可持续发展提供动力和支持。

第二节　欧盟公共政策评估实践

目前，欧盟已经建立起较为完善的公共政策评估体系，通过对公共政策进行评估，促使欧盟提案以最低成本实现政策目标，为公民、企业和劳动者带来最大利益，同时避免所有不必要的监管负担，保持欧盟自身社会和环境的可持续性，在全球经济中增强竞争力。

一、欧盟政策制定概况

欧盟的公共政策评估体系基本是垂直分散的，欧盟委员会中并没有设立专职负责评估的机构，但每一个职能总司中都拥有专门负责评估的人员，负责对本部门的相关政策和行动进行定期评估。欧盟在农业、环境、经济、能源、教育、文化等领域立法或政策提案的各部门，均拥有专属人员对部门政策和行动定期评估。比如，关于糖业政策改革提案的评估工作就由欧盟委员会负责糖业规制的农业及农村发展部实施；环境政策评估工作则由欧洲环境署承担，通过欧洲环境信息与监测网从成员国收集及时、高质量的环境数据。这些评估人员有义务保证评估的可靠性，并将评估结果反映到未来的政策制定中去。尽管缺少专门评估机构，但欧盟委员会仍具有统筹政策评估的职能，并对不同部门的评估结果进行监督，指导和推进下属部门的评估工作。

根据《影响评估指南》文件规定，欧盟委员会按照立法程序制定公共政策，如图 3–1 所示。政策倡议需要经过批准，批准确定议案后，才能展开实质性的准备工作。当政策被批准后，应当确定流程图或初始影响评估，如表 3–1 所示，并尽快对外公布政策内容，以便审查评价政策适当性。在提出议案的同时，应当提交实施计划。实施计划会描述实施挑战和由委员会采取支持行动。欧盟委员会将提供高质量的法律文本、说明性备忘录，并监督成员国立法符合欧盟法律。为确保政策实施取得成果、避免对数据和信息的不必要或重复的请求影响评估，欧盟委员会将进行监测安排和指标，确保最初在影响评估中概述的监控安排及时更新，反映委员会提出的实际提案，最终得到立法者的同意。经欧盟委员会通过后的提案将被提交至相关机构，一般是欧洲议会和部长理事会，同时还需要向欧洲经济和社会委员会以及欧盟地区事务委员会进行咨询。欧盟委员会对成员国在规定时间内的政策实施情况进行监督和评价，评价结果也会为之后的提案或对现行政策的修订提供依据。

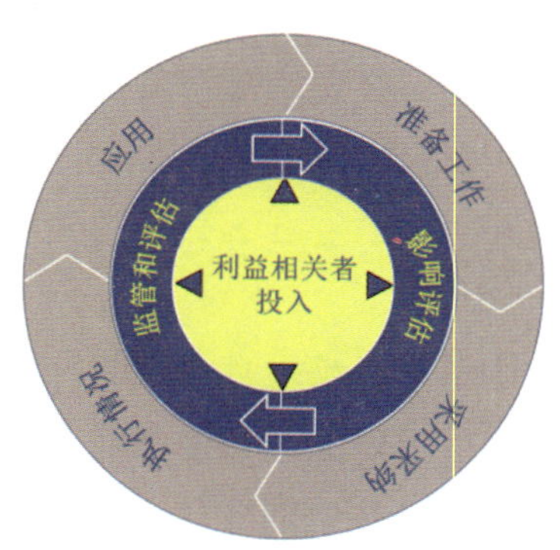

图3–1　欧盟政策全生命周期

摘自欧盟委员会工作文件“Better Regulation Guideline”

表 3-1　对政策倡议和相关要求进行政策性评估

<table>
<tr><th colspan="2">政策倡议类型</th><th>评估主体</th><th>是否需要流程图或初步影响评估?</th><th>是否需要跨部门指导小组?</th></tr>
<tr><td>主要政策（在被采纳前的至少12个月决定进入评估）</td><td>所有重大举措</td><td>副总统和与总统密切合作的专员</td><td>需要</td><td>需要</td></tr>
<tr><td rowspan="2">“其他”非重大政策（决定进入评估）</td><td>既不是“主要政策”也不是需要评价或适当性检查的（至少在被采纳前3个月决定进入评估）</td><td>不需要</td><td>不需要</td><td>——</td></tr>
<tr><td>评价和适当性检查（至少在项目结束前12个月决定进入评估）</td><td>根据规划</td><td>需要</td><td>需要</td></tr>
<tr><td colspan="2">在决定评估之外的政策倡议</td><td>根据规划</td><td>不需要</td><td>不需要</td></tr>
</table>

欧盟也注重推进政策评估主体的多元化发展。为避免规制者评估自己拟定的政策，欧盟先后出台跨机构合作协议和机构间合作通则，建立内部以规制审查委员会，外部以欧洲议会、欧盟理事会、欧洲法院为主体的多元化规制影响评估制度监督体系。比如，在环境政策领域，欧盟积极推进环境和发展机构、私营部门及环境咨询公司参与政策评估，对于大部分重要环境政策，欧盟环境署等官方机构倾向联合或委托专业的政策咨询公司等非官方机构。此外，一些社会公益组织也自发开展环境政策评估工作。

二、政策评估类型及评估内容

欧盟政策评估根据时间变量，可分为事前评估、影响评估、事中评估、评估和适当性检查。事前评估与影响评估都在提案被采纳之前进行，是制定干预政策不可分割的部分。事前评估适用于所有活动，而影响评估适用于具有经济、社会和环境影响的监管提案或其他提案，由委员会于年度政策战略或工作方案中提出。事中评估考核正在进行的工作，不论其是限期的计划还是非限期的政策。事中评估在直接反馈到实施过程中也发挥了重要作用，有助于提高现行干预措施的质量。

（一）事前评估（Ex-ante Evaluation）①

根据欧盟相关法律规定，当公共政策实施预算超过500万英镑的大量支出时，财务部门有权要求进行事前评估。事前评估为后续的监测和评价奠定基础，确保获得所有必要信息，提供足以得出评估结果和影响的数据。如果主要政策要进行事前评估，那么也要进行影响评估，需要与利益相关方进行协商，并由监管审查委员会决定。

事先评估的政策评估内容包括：一是拟制定的政策方案是否已正确诊断出发展问题，并找到原因；二是拟制定的政策方案措施和目标是否与国家和区域需求相关；三是拟制定方案是否与共同体的政策和指导方针相一致；四是拟制定方案的预期结果和影响是否是现实的，并且与资源情况相符。事前评估报告也需要按规定回答相应问题。

（二）影响评估（Impact Assessment）

影响评估侧重政策的具体措施，适用于具有经济、社会、环境影响的监管提案或其他提案，侧重于对整个社会的影响，需要审查评估政策措施的适用性、适当性以及一些关键问题和原则。

影响评估体系以调整经济、社会和环境等领域的规制政策为对象，以成本收益分析、成本效率分析、成本标准模型和风险不确定性分析为方法，以提高规制透明度、降低规制成本和增强规制质量为目的。欧盟通过政策影响评估实践，对拟议或现有规制政策所产生的社会、经济和环境影响有效分析和评估，评估覆盖政策制定实施的全过程。

影响评估将收集事实数据（包括评估结果），以评估欧盟未来的立法或非立法行动是否合理，以及行动是否是在实现预期政策目标的最佳方式。影响评估必须确定和描述要解决的问题，确定目标，制定政策选项，评估这些选项的影响，并描述如何监测预期结果。具体而言，影响评估需要回答以下七

① https://enrd.ec.europa.eu/evaluation/preparing-ex-ante-evaluation-nutshell_en，事前评估指南。

个问题，如表 3–2 所示。在回答上述问题后，影响评估报告需要包括相应具体内容，描述政策对环境、社会、经济影响，明确谁将受到该政策的影响以及具体如何受到影响，说明该政策对中小企业和欧盟竞争力的影响，并详细描述咨询策略及预期结果。

表 3–2　公共政策影响评估应当回答的问题

1	问题是什么？为什么是问题？
2	欧盟为什么应该采取行动？
3	行动政策目标是什么？
4	达成目标可选择的途径有哪些？
5	可选择途径的经济、社会、环境影响是什么？谁会受到影响？
6	不同选择如何进行比较（有效性、效率和一致性）？
7	如何监管和组织事后评估？

三、政策评估方法和评估流程

欧盟开展政策评估采用结构化工具和技术，比如，在事前评估时通常使用 SWOT 分析法，在影响评价时通常采用干预逻辑因果关系分析法。数据收集工具主要包括问卷调查、专项访谈、关注群体小组调查、专项案例研究。在数据分析方面，采用定量和定性相结合的方式进行，均以结构化和公开透明的方式进行。

欧盟在针对事前评估、影响评估和事中评估的流程不尽相同。事前评估主要分为评估需求调查、评估政策措施及目标审查、数据收集及评估监管、形成报告等四个基本阶段。

影响评估可以分为初步影响评估、扩展影响评估两个层次。自 2013 年起，欧盟委员会积极进行扩展评估，主要涉及 6 个关键分析步骤，如图 3–2 所示。步骤一是明确问题。界定问题时，不仅需要描述问题的性质和规模，明确受该问题困扰的人群、部门、企事业单位和社会团体，还需提供相应证据，并进一步剖析问题产生的原因。同时，还应证实为解决该问题，在欧盟层面采取行动的合理性，建立基准情景。步骤二是确定政策目标。根据问题，清楚界定政策目标，以便评估各政策选项解决的问题，实现目标的效力和效率，并便于在政策实施后，监控政策计划落实情况、实施进度，以及已达到目标的程度。步骤三是确定政策选项。拟定一个尽可能详尽的选项清单，避免陷入考虑“无行动选项”“优先选项”和“极端选项”的陷阱。步骤四是影响评估。评估时，应确定政策选项对经济、社会、环境等方面造成的影响，以及影响发生的原因，并对较重大影响进行定性评估，对于最重大的影响，进行深入定性和定量分析。步骤五是比较政策选项。在进行影响分析时，应以基准情景为参照物，通过定性或者定量的方法，就各政策选项对社会、经济、环境可能造成的影响进行比对分析，并拟订评价标准，将各选项按分析结果排序，包括正面影响和负面影响。步骤六是未来监控与评估安排。根据欧盟委员会的评价规则，应对所有欧盟活动定期评估。

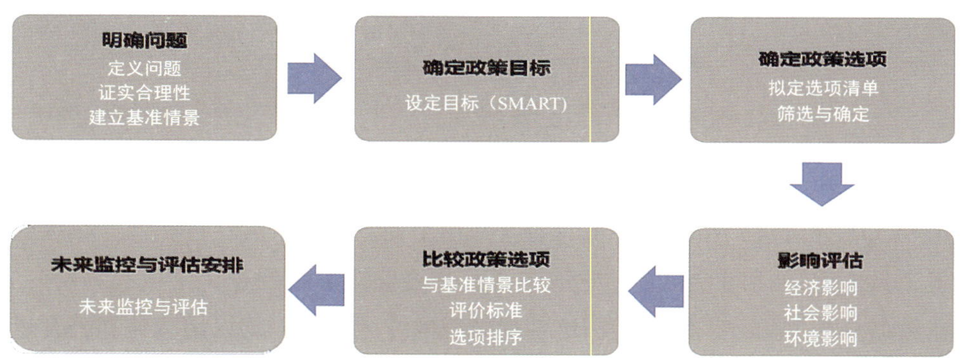

图3-2　影响评估的6个关键步骤

欧盟作为最早认识到气候保护重要性的行为体之一，已经建立起比较成熟的综合性气候政策体系，气候政策研究也被视为推动一体化深入发展的一个重要议题领域。为此，下文以气候政策评估为例，对欧盟公共政策的评估对象、评估方法及流程进行详细分析。

专栏 10　欧盟气候政策评估案例[①]

欧盟作为最早认识到气候保护重要性的行为体之一，在《京都议定书》的制定和实施过程中起着领导者和主要推动者的作用。为应对气候变化，欧

① 《共同农业政策对气候变化和温室气体排放影响》第 3、4 页。

盟进行排放检测和报告、排放交易、协同分享等多项措施，并持续关注路基排放、运输排放、低碳创新、臭氧层、氟化温室气体情况。欧盟还提出适应气候变化战略、欧洲绿色协议，并为气候行动提供气候行动资金。[①]目前，欧盟已经建立起比较成熟的综合性气候政策体系，气候政策研究也被视为推动一体化深入发展的一个重要议题领域。

一、欧盟气候政策的评估主体及对象

农林业部门直接依赖于气候条件和健康的生态系统，因此最容易受到气候变化的影响。同时，农业通过将温室气体放到大气中而导致气候变化，对土地的可持续管理可以从大气中除碳。2018 年，欧盟 28 个成员国的农业部门排放了 4.87 亿吨二氧化碳，包括土地利用和土地利用变化（对草地和农田管理）的排放，占欧盟 28 个成员国温室气体排放总量的 12%。农业活动是欧盟温室气体排放的第五大贡献者，位列能源、交通、住宅和商业之后。

农业不仅可以通过减少温室气体排放，还可以通过避免进一步的碳损失、通过在植被（如树篱）和土壤中固碳来增加清除量以及增加对可再生能源的生产来缓解气候变化。虽然欧盟农业的非二氧化碳温室气体排放量自 1990 年以来下降了 20% 以上，但自 2010 年以来一直停滞不前，这突出表明农业需要加快向更加气候友好的做法过渡。因此，2013 年欧盟进行共同农业政策（CAP）的改革，旨在提高政策工具的针对性、效率和一致性，以实现自然资源可持续管理和气候行动的长期目标，以及可行的粮食生产和平衡的领土发展。

2021 年 5 月 21 日，欧盟委员会发布《共同农业政策对气候变化和温室气体排放影响》的政策评估报告。报告主要评估了 2014 年至 2020 年共同农业政策对气候变化和温室气体排放的影响，包括直接付款给采用环境友好措施的农民，以及农村发展、横向规定等措施，具体详见表 3-3。评估涵盖了 2013 年共同农业政策改革实施之后的时期，特别是 2015 年 1 月 1 日之后的直接支付期间和 2014 年 1 月 1 日之后的其他措施。该份评估报告评估了包括英国在内的 28 个欧盟成员国，并对 10 个成员国进行了深入的案例实证分析。该份报告除了帮助履行法律报告义务外，还将有助于其他绩效报告要求，包括委员会的年度预算执行工作。该报告的初步结果，特别是在有效性和效率方面，也为 2020 年之后共同农业政策的影响评估提供参考。评估也与欧洲绿色协议有着密切关联。

该评估包含在农业和农村发展总局（DGAGRI）评估计划中，遵循

① 欧盟应对气候变化的政策、立法和行动概述，欧盟官网 https://ec.europa.eu/info/energy-climate-change-environment/topics/climate-change_en.

了《影响评估指南》进行评估。评估工作是通过外部评估研究进行的，根据DGAGRI组织和管理外部承包商政策评估的程序进行。这项工作在DGAGRI的相关部门的技术和合同管理下进行监督，并由该部门负责监测和评估。

表 3-3　与气候变化相关的共同农业政策

	措施	法规目标	措施目标	
			减缓	适应
第一类				
1	绿化措施（永久草地比例）	环境效益（碳封存）	是	不是
2	绿化措施（环境敏感的永久性草地）	环境效益（碳封存）	是	不是
	横向措施或标准			
3	GAEC 4（最小土壤覆盖）	限制水土流失、保护水道并提高抵御洪水和保水的能力	是	是
4	GAEC 5（限制侵蚀的场地特定条件）		是	是
5	GAEC 6（土壤有机质维护）	防止二氧化碳直接释放到大气中	是	是
6	农场咨询系统	提高对农场实践，以及环境和其他标准的认识	是	是
第二类：农业发展				
7	知识转移和信息传播行动	传播知识并改善信息获取	是	是
8	咨询农场管理和救济服务	改善获得建议的渠道	是	是
9	实物资产投资	支持提供物理基础设施	是	是
10	减少灾害风险	减少自然灾害的可能影响；投资恢复土地和生产潜力产业	不是	是
11	基本服务和乡村振兴	投资小规模基础设施，以及可再生能源和节能产业	是	不是
12	森林投资	扩大和改善森林资源（包括农林业）作为气候友好型土地利用；支持投资和管理（弹性管理和防火管理方面）	是	是

续表

	措施	法规目标	措施目标	
			减缓	适应
13	农业环境气候承诺	支持有利于环境和气候的农业实践（超出法律的基本要求）	是	是
14	有机农业	支持与碳封存相关的有机农业实践	是	是
15	自然保护区网络（2000）和水框架指令	支持，尤其是保护湿地和泥炭地	是	是
16	森林－环境－气候承诺	支持林地和碳储量	是	是
17	合作	支持联合行动以确保更大的环境和气候效益	是	是

二、欧盟气候政策的评估方法

《共同农业政策对气候变化和温室气体排放影响》政策评估报告涵盖所有评估标准，评估了相关措施在气候影响方面的有效性，以及它们的效率、相关性、一致性和欧盟附加值。此次评估结合了定量和定性分析，包括文献综述、文献研究、计量经济学分析、调查、访谈和案例研究，详见表3–4。DGAGRI通过额外的分析（使用最新的统计数据）和新的可用文献的综合进一步补充了这项研究。评估也开展了广泛的利益相关者协商和公共咨询活动。

表3–4　数据收集和分析工具的描述

方法或工具	工具简述	工具类型
	数据收集工具	
模拟	将成员国报告的数据与文献中的相关排放因子相结合，使用建模基线来量化CAP措施对温室气体排放的影响，并将结果与背景联系起来。	定量

续表

方法或工具	工具简述	工具类型
文献研究、文献综述、文献统计、数据分析	为了利用现有文献和其他数据集（统计等）： ·映射成员国和地区的实施决定； ·检查政策工具或措施支持的行动或管理实践与主要结果之间的因果关系，以及这些在不同的生物物理或气候情况下在地理上有何不同； ·确定影响农业和林业部门，以及更普遍的农村地区的主要驱动因素和压力、环境状况和主要威胁，以帮助了解反事实或基线情况并评估其相关性； ·审查以前的 CAP 工具或措施的影响； ·审查影响因素的影响，包括其他因素、措施执行的有效性与效率。 确定任何连贯性问题。	定性与定量
基于问卷的调查	在进行案例研究的 10 个成员国中，针对小范围的、非代表性的农民收集数据样本中，了解他们在气候变化压力和相关 CAP 措施方面的情况。还与农场顾问一起调查，以获取有关不同类型创新采用程度的信息。	定性（因为样本量）
实例探究	提供 10 个成员国 CAP 的实施情况和气候行动的详细情况。	定性与定量
分析工具		
成本效益分析	将政策工具的收益与所涉及的成本进行比较。	定量
相干矩阵和评分	用于分析法规和措施逻辑之间的一致性。用于评估不同 CAP 工具的内部和外部一致性的标准化方法以及它们在成员国或地区的应用方式。	定性

三、欧盟气候政策的评估流程

2017 年 5 月 2 日，欧盟委员会成立了跨部门指导小组。该指导小组提供信息、制定职权范围、监督外部研究团队的工作、讨论并就最终报告提出建议，以及对评价工作人员工作文件草案发表意见。该指导小组由农业和农村发展总局（DGAGRI）牵头，气候行动总局（CLIMA）、环境总局（ENV）、研究与创新总局（RTD）、竞争总局（COMP）、内部市场、工业、创业和中小企业总局（DG GROW）、联合研究中心（JRC）和总秘书处（SG）协同组成评估小组。该指导小组于2017年5月16日开始会议，并在整个评估过程中举行了9次会议。

2017年6月9日，评估流程图发布，规定了措施的背景、对象范围和目标，并提出了根据有效性、效率性、相关性、一致性和欧盟附加值五个解决问题的标准。从2017年6月9日至2017年7月7日，评估小组共收到五份对流程图的反馈。荷兰水务公司协会（Vewin）呼吁对水给予更多关注。世界自然基金会欧洲政策办公室质疑畜牧生产问题。而爱尔兰非政府组织（AnTaisce）提出了有关畜牧业和林业碳固存的问题，并建议爱尔兰作为案例研究。欧洲公共卫生联盟（EPHA）呼吁对牲畜和乳制品与其他部门进行更多的部门分析和比较。一家匈牙利非政府组织要求将创新技术作为评估的一部分。为了有效解决以上问题，评估小组在案例研究的过程中，适当地涵盖了畜牧业和乳制品部门、综合爱尔兰和荷兰等重要的畜牧生产国。在评估气候适应问题时，评估小组也适当关注水管理和创新技术问题。2017年2月7日至5月2日，此次评估还进行了公共政策民众咨询，收集广泛利益相关者的意见，共收到来自不同类别采访者（国家、区域和地方层面的个体农民、政府机构、非政府组织、欧盟农民协会）322名，912份在线回复、1417份观点性文件。①

四、评估结果运用

支持将评估结果转换为一种最可能直接使用的形式，这一过程是很重要的。可能会有一个商定的政策来跟进评估，以最大程度实现它们在决策过程中或者在采取具体行动计划形式的转化中进行反馈的可能。委员会的报告或通讯也可作为利用评估结果的一种工具。例如，在发布最终评估报告后，信息社会总司（DG INFSO）拟定委员会发给欧洲议会、理事会、经济及社会委员会和区域委员会的通讯。此通讯列出评估报告的主要建议以及委员会在拟定后续规划提案中将要采取的意见和行动。此外，如果委员会对评估报告的任何建议存在异议，则会给出相关原因。

除了上述跟进程序外，还有一些因素影响着评估结果的使用方式，如潜在用户参与评估设计和聚焦的程度、潜在用户对评估的需求和期望。如果评

① 《共同农业政策对气候变化和温室气体排放影响》第61页。

估目标只是提高干预质量，那么潜在用户类型的范围往往很窄（如管理者和直接受益人）。如果评估旨在设定政治优先事项和为相关资源配置提供投入，则潜在用户的范围将变得更加多样，其中还包括关键决策者。为了确保评估的合理使用，关键是将源自评估产品的信息（通常具有多重性质）定位到正确的受众。

评估结果主要用于四个方面：一是决定是否有必要制定或者出台某项政策；二是是否需要对某项政策进行必要的调整；三是是否需要废止某项政策；四是哪个政策选项更加科学。欧盟委员会会从影响评估报告中获得实践案例，形成关键步骤分析最佳实践库，以提供评估参考。

欧洲审计院在 2010 年就影响评估的效果进行审计，并推出特别报告《欧盟各机构的影响评估是否支撑决策》，肯定了影响评估对决策起到有效的支持作用。特别报告指出，一是影响评估帮助欧盟委员会提案具体化。欧盟委员会使用影响评估来收集和分析相关证据，以此在政策制定过程中改进计划提案。二是影响评估被积极用于委员团层级的决策。欧盟委员会的提案由委员团通过，一般在各自办公室的周会上制定。据受访者所述，影响评估报告提供了有关委员会所拟的有价值的信息来源，影响评估定期在每周的预备会议上讨论。三是使用者认为影响评估对欧盟立法质量有积极影响，欧盟理事会内部指南建议在工作组（WP）层级讨论欧盟委员会的影响评估。受访的欧盟议会和欧盟理事会使用者普遍表示支持影响评估。大多数理事会工作组调查的回复者（68%）认为，他们审议过的影响报告对最终法案的质量有着积极影响，超过 85% 的回复者认为影响评估有助于实现欧盟的良好规制政策目标。

专栏 11　欧盟空气质量政策的评估结果运用

欧盟的立法、政策关乎 5 亿公民和数百万公司，影响广泛。随着政治、社会和技术发展，立法政策应当与时俱进。2008 年 4 月，欧盟通过《欧盟环境空气质量指令》，又称为环境空气质量标准及清洁空气法案（2008/50/EC）。该法案是在欧盟层面上关于大气治理最全面的法案。该指令规定了主要空气污染物，特别是 PM2.5 的排放限值、目标值、警戒值、通告值等各项标准，并对空气质量信息公开、跨境空气质量污染、空气改善计划等内容做出具体规定。[①]

2019 年 11 月欧盟委员会对该指令进行适当性检查，总结了以下七项经验与教训：

1. 空气质量仍然是主要的健康和环境问题；
2. 空气质量标准有助于减少污染，并且是有一定效果的；
3. 目前的欧盟标准，与科学家们的建议相比，较为温和；
4. 设定限值比其他类型的空气质量标准更有效；
5. 欧盟委员会、社会的执法行动是有效的；
6. 可以进一步协调监测、调整信息和空气质量；
7. 并非所有报告的数据都有参考价值，电子报告可以进一步提高效率。

欧盟空气质量的评估结果表明，2000 年至 2020 年，实施欧盟清洁空气相关立法措施将产生巨大收益，每年因空气污染造成的各类损失将减少 890 亿至 1830 亿欧元；平均至欧盟 25 国，人均收益预计为 195 至 401 欧元。尽管如此，到 2020 年大气污染仍将造成重大损失，估算损失值约为每年 1910 亿至 6110 亿欧元。

其后 2013 年影响评估对“欧洲清洁空气计划”空气质量立法结果进行审查，指出了政策持续存在的合规差距和执行难题。影响评估委员会要求在加强成本效益分析和解释气候变化和空气质量指令的联系等方面做出改进，同时也指出空气质量立法与气候能源等政策应相辅相成。根据评估报告结果，欧盟委员会没有更改阈值和目标，而是决定保持现有的空气质量标准水平。

2019 年 11 月，欧盟委员会对两项欧盟环境空气质量指令（2008/50/EC）（2004/107/EC）在 2008 年至 2018 年情况进行适当性检查，并得出结论。欧盟委员会在以零污染、无毒害环境为目标框架的欧洲绿色交易中表示，将吸取此次适当性检查的经验教训。欧盟委员会为了帮助地方实现更清洁的空气目标，以及修改欧盟的空气质量标准，使其与世界卫生组织更加一致，将加强相关监测、建模和空气质量计划。

欧盟的空气质量评估制度，促进了欧盟空气质量的改善。根据欧洲环境署（EEA）报告，2018 年空气不佳导致欧盟约 37.9 万人死亡，比 2009 年减少了 6 万人。2009 年至 2018 年，氮氧化物造成的空气污染，特别是交通造成的空气污染下降了 34%。能源部门的污染也有所减少，燃烧化石燃料产生的二氧化硫排放量自 2000 年以来下降了 79%。

① 《欧盟环境空气质量指令》，中国发展门户网 2015 年 7 月 23 日，http://cn.chinagate.cn/infocus/egp/2015-07/23/ content_36126965.htm.

第三节　日本公共政策评估实践

日本政府的公共政策评估体系产生于20世纪80年代末90年代初，经过多年的发展，日本已经在法律法规、执行机构、评估方法等方面建立了较为完善的政策评估体系，并在日本中央政府的各省厅广泛开展评估实践。

一、政策评估制度历史沿革

20世纪90年代初，冷战结束后国际政治格局的深刻变化对日本政府政策产生重大影响，加之90年代日本经济泡沫破灭以及自民党自身腐败丑闻频出，国民对自民党倍感失望，1993年自民党丧失执政地位。在此背景下，日本政府对选举制度、官僚体系、中央政府行政机构、中央与地方关系等方面进行全面的深层次改革，公共政策评估制度正是随着改革的方向和目标应运而生。

2001年6月，日本颁布《行政机关发布的政策实施评估的相关法令》（又称《政策评价法》或第86号法案），作为日本政策评估的根本性法律。该法案2002年4月1日正式生效。日本政府还出台《关于政策评估的基本方针》，提出政策评估是嵌入以“规划方案、实施、评估”为主要元素的政策管理周期中的制度化系统。

2005年12月，由日本各行政机关组成的联络会议对《关于政策评估的基本方针》做出修订并批准发布《关于政策评估实施的指导方针》。其中根据“对象政策是在何种目的之下，采用何种手段予以实施”，区分了政策体系中政策（狭义）、施策和事务事业，并进一步规定三种类型评估的注意事项。

2005年后，日本各行政机关组成联络会议相继出台了多项法案，包括2007年《执行政府政策评估法案的条例》《实施政策评估的基本指南》和2010年《政策评估的信息公开指南》，为各行政主体开展公共政策评估提出了更具体的要求和更详细的指导。

《政策评价法》要求各政府部门负责人必须根据政策评估的基本准则，针对该政府部门职权范围内的政策，制定未来3—5年的关于政策评价的基本计划，根据该基本计划，明确政策评价实施的基本原则；分析和收集政策效果信息；政策事前评估的有关事项；政策事后评价的事项，包括在计划期间内，政策评价实施的相关事项；充分发挥有关专家的政策科学理论与经验方面的作用；反馈政策规划和运行的评估结果的事项；利用网络以及其他方法公布发表政策评价相关信息等。从法律法规上确定公共政策评价必须有完善的实施计划，从评估内容、评估方法、专家学者知识见解的运用、评估结果的反映、政策评估的基础建设等方面系统地构建了基本框架，使评估工作者有章可循，保障公共政策评估工作具有可操作性和规范性。

二、政策评估主体和对象

日本政府的政策评估系统是以各部门的自评估为基础，总务省（Ministry of Internal Affairs and Communications，MIC）评估作补充，如表3-5所示。《政策评价法》明确规定包括内阁办公室、各部门在内的行政主体应开展政策评估以提升政府管理的效果和效率，确保政府行为严格履行对公众负责的责任。

总务省作为评估管理部门，对各部门的自评估加以指导和检查，同时开展一些议题涉及广泛的跨部门评估活动。立法后评估主体主要包括内阁及政府各部和地方自治政府部门、行政评价局、独立行政法人评估委员会以及政策评价和独立行政机构评估委员会。《政策评价法》第16条规定，总务省开展综合评价在于保障两个以上政府部门共同运行的政策统一、协调的执行。总务省内设行政评价局统筹协调全国公共政策评估工作，组织跨部门、跨地区评价；设地方分支机构，对地方政策执行情况进行行政评估。此外，总务省在行政评价局中设立“政策评价与独立行政法人评价委员会”作为总务大臣的咨询机构，其委员由总务大臣任命，由外部专家、学者和企业家构成，委员长由委员选任。委员会负责对政府公共政策评价制度和总务省评价实施情况进行调查审议，向总务大臣提出公共政策评价的基本方针及修改意见等，并与国民直接对话宣传。

从其他评估主体看，根据《政策评价法》，当前日本中央政府全部都开展政策评估，地方政府也在逐步将政策评估引入到管理中。目前所有47个县级政府（相当于中国的省）、17 个政令指定都市（指人口超过 50 万并在经济和工业上具有高度重要性的主要都市）和 782 个（约占 43%）市町村（二级行政区划，类似于我国的市、镇、乡）已开展政策评估。除官方评价机构外，日本强调充分利用具备相关资质和能力的专家进行第三方评估或外部评估，以增强评估的客观性、独立性和广泛性。

《政策评价法》第 2 条规定，政策是指行政机关为实现其职责范围内的某一目标而规划和制定的一系列活动所采取的政策措施等，这意味着重大规划、政策及行政主体为实现特定目标所实施的系列活动、项目和工程都属于政策评估对象。具体包括政府行政立法所确定的政策，包括政令，府、省令，外局规则，独立机构的规则和告示、指示、通知。政策评估对象包括由上至下三个层次：一是政策层次，即特定行政领域的基本方针；二是施策层次，即实现施策的具体对策；三是事务事业层次，即实现施策的具体行政手段，这一层次又包括五类对象，法人税等租税特别措施调整、公共事业建设（10 亿日元以上）、规制设立与改废、研究开发（10 亿日元以上）和政府开发援助实施（10 亿日元以上无偿或 150 亿日元以上有偿）。上述三个层次的区分是相对的，可以归为"理念类型"。由于现实政策的形态多种多样，不同阶层组成的团体共同实施政策与事务事业相关事物不存在时，或措施、事务事业等分属不同的政策体系时，三者很难明确区分。

三、公共政策评估设计思路

日本的公共政策评估是评价各行政机关对于其所掌管的政策能否适时地把握其政策效果，并以此为基础，根据必要性、效率性或者有效性及其政策特性，从必要的观点出发通过自评估，与政策的决定是不同的概念。公共政策评估是在以"规划方案（Plan）""实施（Do）""评（See）"为主要元素，在政策的管理周期中，明确植入制度化的系统，确保得到客观且严格的实施，通过公布以政策评估的结果为主的相关评估信息，不断对政策重新评估和改善的同时，意图彻底实现行政对于国民的说明责任。

目前，日本多数政府部门采用 PDCA 评估管理模式，即计划（Plan：Planning）—执行（Do：implementation）—检查（Check：evaluation）—行动

（Action：reflected in planning），取代传统的计划—做—看（Plan–Do–See）、计划—操作—评估（Plan–Operation–Evaluation）等管理模式。PDCA 管理模式有两个明显特点：一是评估被应用于管理各个环节；二是评估结果可以得到及时反馈，并在下一阶段制定政策或预算时得到充分应用，从而真正发挥利用评估改善管理的作用。

《关于政策评估实施的指导方针》提出在基于评估成本考量的基础上，要努力开发并采用基于具体指标数据的定量评估方法。为保证政策评价的严谨性和适应性，日本公共政策评估根据政策影响范围和程度多选择定量化评估方法。同时，法案要求政府各部门适时把握所管辖政策的效果，从必要性、效率性及有效性三方面进行自评估并将评价结果反映到相应政策上。政策结构图如图 3–3 所示，展现政策（规划）、计划和项目间的相互关系，体现行政主体的管理目标和途径的重要方式。政策结构图从政策手段的角度看，自上而下依次是政策（常是 4—5 年规划）、计划和项目；从目标结果角度看，自下而上依次是产出、中间和最终成效。日本总务省为各部门提供了政策评估的标准模型，阐述不同类型评估的对象、时间、目标和方法，并在不断的改革中将评估的结果量化，提供更加直观的定量分析。

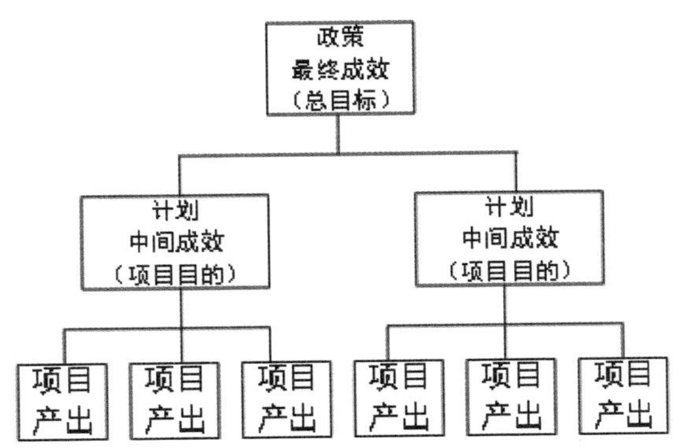

图3–3 政策结构示意图

四、政策评估流程

日本政府的公共政策评估流程是“各府省”自评和总务省检查评价相结

合。以各部门的自评估为基础，总务省指导监督，对评估结果加以分析，并指出其中存在的问题。最终，各部门自评估报告和总务省的评估报告一起提交国会。

一般评估程序包括确定评估主体、培训评估人员、明确评估措施、设置评估目的、设置评估目标、通过调查等方式考察评估对象的目标完成情况、运用评估结果等。在评估方法上与评估对象的目标相联系，根据评估项目采取灵活多样的方法。日本立法后评估制度以转变政府职能为中心，涉及包括行政机构、行政运行、行政手段、行政服务在内的整个行政体制结构，创造立法后评估的独特类型。

基于“投入—活动—产出—中间成效—最终成效”的逻辑关系，公共政策评估通常在项目、计划和政策三个层面开展。总务省为各部门提供政策评估的标准模型，解释不同类型评估的对象、时间、目标和方法。如对于计划开展的评估为综合评估，在计划实施后以一些特定主题作为评估对象（在较小范围内的政策和政策手段），通过多方面探究政策的实施效果，发现和分析相关问题。同时，总务省还针对不同评估视角，提出了相关评估问题，如针对政策的目的，要回答“需要解决的、明确的问题是什么？”以及“其中是否有问题需要通过政策手段加以解决？”等，以此回答政策必要性。

五、政策评估类型及内容

政府各部门从政策规划、设计和实施角度，对所管辖的政策进行自我评价，《政策评价法》第6条规定，各部门须根据基本方针制定政策评估基本计划（3—5年）及事后评价实施计划（年度政策评估计划），确定开展政策评估的时间阶段、原则、立场观点、要研究获取的政策信息内容、开展事前和事后评估的做法。其中，中央政府层级开展的政府绩效评估称为“政策评价”，地方政府自主进行的政府绩效评估称为“行政评价”。2015年4月修订的《关于政策评估实施的指导方针》中提出“项目评估”“实绩评估”和“综合评估”三种标准化的评估方式。

（一）项目评估方式（又称事业评估方式）

项目评估以具体项目、事务为评价对象，分事前和事后两个时间点进行。事前的评估要充分考虑政策目标是否符合国民和社会的需要，是否符合上位法规定及政府是否应承担行政干预角色；评估政策效果与执行成本是否匹配；审查政策能够实现更高目标的可能性；通过实施评估对象政策，特别指定进行评估及验证是否获得预期效益的方法和时期，并预先予以明确。事后的评估主要面向对国民日常生活和社会经济有重大影响或需要付出巨大成本的现行政策；特别审查政策预期效果能否实现，如果未能获得预期效益，需说明何种原因造成，由此得出的数据及意见应该在今后的政策评估和政策的规划方案中灵活运用。

例如，规制立废的评估主要运用成本收益分析法，经过各府省事前评估、规制立废、事后评估三个阶段，在事前、事后评估两个阶段，总务省都要对各府省提交的评估书进行抽查和结果公告。又如，租税特别措施评估由各府省向财务省税制部门提出税制改革要求期望，并向总务省提供税制改革政策评估，总务省将检查结果反馈各府省和财务省税制部门并公告，最后由税制部门提出税制改革大纲。其中，总务省主要检查是否设定了适当的目标、对税收适用数、减收额和效果是否做出定量分析。再如，公共事业建设评估主要运用成本收益分析法、回避支出法、条件价值评估法、履行费用法和代替法，一般经过事前评估、施工中再评估、完工后评估三个阶段，每个阶段所管省都要编制评估书并公告，每个阶段总务省也都要从事业主体收集信息进行检查，并将检查结果反馈所管省并公告。

（二）实绩评估方式（又称实际成绩评估方式）

实绩评估以政策、措施为评价对象，制定“以结果为导向”的基本目标，向公众表明有关政策旨在实现什么目的，如何实现以及何时实现。若难以确定结果导向的目标则可以制定“以产出为导向”的目标。该方式设定着眼于成果的目标（以下称“业绩目标”），再选择三年或五年后评估，目标完成情况，选定评估年份进行跟踪监测。对目标完成情况评估，各府省通用五阶段评分法，即超过目标达成、目标达成、取得一定程度进展、进展不大、没有达到目标；在此基础上进行深入评估，包括事前无法设想的因素分析、达成手段有效性和效率性验证、未达到原因分析，以及目标妥当性和必要性修改。制定“业绩目标”要使用可客观衡量的定性或定量指标显示绩效水平，防止信息和数据收集的过重负担。例如，文部科学省设定实现终身学习社会、提高义务教育机会均等和水准、振兴个性化高等教育、私学振兴、奖学金制度等13个政策目标，并据此开展教育政策实际业绩评价。该方式适用于事前评估和事后评估。

（三）综合评估方式

综合评估以可能导致机构改革等的重大政策为对象。该方式要分析政策的直接效果并根据具体情况分析外部因素影响，从多角度具体明确评估对象政策效益的状况时，应根据政策的效益、因果关系、情况与外部因素进行挖掘分析，特别根据需要对波及效果（二次效应）的发生状况及其发生的过程等进行分析。对政策效果及成本（包括负面效果和间接费用）进行比较和讨论。例如，鉴于教育政策的特殊性以及影响因素的复杂性，文科省对于教育政策的评价不是停留在短期效果的验证上，而是通过回顾过去政策以及对逻辑模型的分析来进行。

表 3–5 MIC 政策评估方法（标准模型）

	对象	时间	目标	方法
项目的评估	重点是政府的项目，也可能是计划	实施前	对项目进行选择和采纳做出判断的观点	估测预期的政择和采纳做出成本等
成绩的评估	各部门的主要政策	实施后定期和连续地测定进展，并在实施期限后评估完成程度	不断修订和改进政策的观点	根据预期的政策效果设定要达到的目标，并评估目标达到的程度
综合的评估	特定主题（较小范围内的政策和政策手段）	实施后主要在一段时间之后开展	发现和分析问题	从多个方面探究政策效果

六、公共政策评估结果运用

《政策评价法》第 19 条规定，政府每年根据政策评价的实施情况和政策制定与执行中结果反馈状况，制定相关的报告向国会提交并予以公告，即法案明确规定政府部门接受国会对政策评价的监督。每个评估做完后都有反馈环节，将结果及时提供给管理者参考和使用。为防止政策评价沦为掩盖事实真相（尤指政策失败）或美化政策功绩的工具，总务省行政评价局每年对各部门开展的自评价报告进行汇总、分析检查并向社会公开。

总务省行政评价局一方面对评价方式进行检查，以提高各部门的政策评价水平为目的，检查内容包括评价目标的明确情况和量化程度，对于各府省评价报告中出现的好的做法和经验加以推广或宣传。另一方面，总务省行政评价局对评价内容进行检查，对各部门开展的政策评价“是否反映经济社会发展的实际情况”“是否全面掌握政策实施带来的效果”“是否具有明确的、指导政策评价的理论”“评价中使用的数据是否可信”等内容进行检查。对于存在的问题，基于事实向各部门提出质询，并要求相关部门对政策评价活动进行改进和完善。

评估结果的应用主要体现在对政府的预算编制和政策调整产生影响。一方面，政府部门依据评估发现问题，及时对不合理或不适当的项目或计划进行调整，并体现在下一财年的政府预算编制中；另一方面，各部门还依据评估结果相应增加、修改或取消有关政策或措施。例如，2007 财年文部科学省对“建设开放的、受本地居民信任的学校”政策进行评估，发现尽管取得了一些进展，但是部分政策目标没有实现预期程度；同年，文部科学省就对与目标有关的《学校教育法施行规定》和《学校教育方针》进行了修订，将此政策的评估重心放在改进行政主体的管理方面，特别是改善管理目标和途径上。

日本评估法规还要求行政主体向国会汇报评估结果在政策的制定和修改过程中加以体现，通过互联网等手段每年至少公开一次政策评估相关信息。该方针提出要重视专家学者的参与，灵活运用其专业知识能力和见解，采用符合评估对象政策特性的评估方式。针对评估结果，行政机关被要求在政策规划方案工作中进行恰当的反映和明确。

专栏 12　东日本大地震灾后重建政策评估案例

东日本大地震后，日本政府出台系列重建公共政策，并不断评估重建政策，有效监管相关政府部门的重建工作，切实推动各项震后重建工作的顺利开展。10 年以来投入约 38 万亿日元，基本修复完成道路和住宅等生活基础设施，提供灾害公营住宅 3 万套，复兴道路和复兴支援道路工程已按进度完成 85%。

一、震后重建公共政策的出台情况

（一）东日本大地震灾概况

2011 年 3 月 11 日，日本当地时间 14 时 46 分，日本东北部海域发生里氏 9.0 级地震并引发海啸，造成重大人员伤亡和财产损失。地震震中位于宫城县以东太平洋海域，震源深度 20 公里。地震引发的海啸影响到太平洋沿岸的大部分地区，并造成日本福岛第一核电站 1–4 号机组发生核泄漏事故。4 月 1 日，日本内阁会议决定将此次地震称为“东日本大地震”。

此次地震震级为日本地震测量史上最高，也是 20 世纪初以来 110 年中第四大震级的地震。根据日本内阁府估计，由于地震、海啸、核电站泄漏事故等带来的复合灾害影响，灾区直接经济损失达约 16.9 万亿日元，受灾程度之严重、范围之广前所未有。

（二）日本政府推出系列震后公共政策

震后，日本内阁办公室 2011 年 3 月设立应急救灾总部，6 月设立重建反应总部，7 月发布《东日本大震灾复兴基本方针》，明确恢复重建的 10 项原则[①]。日本将重建期确定为 10 年，分别为“集中重建期”（2011 年至 2015 年）和“重建和振兴期”（2016 年至 2020 年）。2012 年 2 月复兴厅成立，负责统筹灾后重建与复兴工作，包括协调重建活动（地震、海啸和核事故引发的三重灾难）及与地方政府之间的合作。2016 年 3 月《东日本大地震灾后重建基本指南》发布。2019 年 3 月《东日本大地震灾后重建基本准则》修订发布。2019 年 12 月“重建和振兴期”后应对东日本大地震重建的基本准则发布，明确复兴厅将存续十年（2021 至 2030 财年）。

复兴厅根据法案制定促进与重建援助、核灾难后重建、援助灾民住房重

① 原则包括国家统领全局，支持受灾地方制定恢复计划；市町村担任复兴任务的行政主体；为受灾者提供及时和正确的援助信息；受灾地的复兴要以“减灾”思路使受灾最小化；灾区复兴担负着复兴日本经济活力的先导任务，以此为出发点制作描绘区域未来蓝图的复兴计划；大力支持企业进入和投资；国家要切实长远地负担起核灾害责任；复兴阶段的工作讲求效率、透明、优先等原则，各府省必须遵循《东日本大地震关联事业详查》；重视公众参与；实现开放式的复兴。

建、促进与创建“新东北”等相关措施，开展重建情况调查数据库、向县外自愿疏散人员提供信息支持、“新东北”示范、福岛县核灾害疏散指示区居民意向调查、净化受放射性物质污染土壤等 30 多个具体项目。特别是对于受福岛核电站影响严重的地区，根据《核灾害赔偿法》《核灾害赔偿支援机构法案》的执行状况和当地的具体情况，复兴厅修订相应复兴政策。复兴厅根据各县的复兴计划，参考阪神、淡路地震情况，将区域重建纳入财政拨款，按照 5 年时间来分配重建金额。“集中重建期”分配资金为 25 万亿日元（约 1.5 万亿人民币），“重建和振兴期”分配资金为 6.5 万亿日元（约 0.4 万亿人民币）。

二、震后重建公共政策的评估情况

日本政府的政策评估系统是以各部门的自评估为基础，总务省评估作补充。总务省作为评估管理部门，对各部门的自评估加以指导和检查，同时开展一些涉及广泛议题的跨部门评估活动。

针对震灾后重建政策的评估工作，由复兴厅牵头，协同环境省、原子能灾害对策本部联合开展自评估。总务省行政评价局作为评估监管部门对上述三部门评估工作进行监管，保障政府部门共同运行的政策统一、协调执行。总务省评价局、复兴厅等政府部门开展政策评估以报告形式向日本内阁府汇报。

复兴厅、环境省、原子能灾害对策本部根据各自工作职能开展相应评估工作。复兴厅负责包括重建措施的规划和制定、整体协调、重建项目执行等任务，主要评估对受害者提供援助、住宅和城市重建、产业就业恢复、福岛重建恢复等四方面情况。环境省负责对灾区的环境污染治理任务，主要评估废弃物处理、环境污染监测、放射性物质污染等方面情况。原子能灾害对策本部主要负责灾区与原子能相关的污染防治工作，主要评估废炉、水污染处理、避难所区域选定、赔偿原子能受害者及对其生活援助等情况。

为保障重建措施的顺利进行，复兴厅根据 2011 年 6 月 29 日发布的《行政机关发布的政策实施评估的相关法令》（以下简称《86 号法令》）和 2005 年 12 月内阁会议决定的《关于政策评估的基本方针》，于 2012 年、2016 年、2021 年三次发布《复兴厅政策评估基本计划》。同时，复兴厅每年依据《复兴厅政策评估基本计划》和《86 号法令》，制定并发布《复兴厅政策评价实施计划》。

重建政策作为日本行政政策体系的重要组成部分，日本复兴厅于 2017—2019 年连续三年对其进行评估。政策评估情况主要分为 5 个部分：政策基本内容描述、政策预算的执行分析、政策评估的指标选择、政策评估的结果分析以及政策评估的组织与实施。

三、震后重建公共政策的评估方法

2021年3月30日，复兴厅发布的《令和3年度（2021年度）重建机构政策评估基本计划》（以下简称《基本计划》）指出，复兴厅应根据不同重建政策措施特点，采用"业务评估法""绩效评估法""综合评估法"等方法，从必要性、效率性、有效性、公平性、优先性五个方面进行全面评估。在确定政策效果时，以客观信息、数据和事实为基础，进行定量评级分析，在难以应用定量评价方法或无法确保客观性的情况下，采用定性评价方法。

震后，日本重建政策评估分为事前评估、过程监测和事后评估。事前评估主要依据《86号法令》，基于业务评价方法，采用事前分析表进行监管影响分析、特别税收措施评估。过程监测采用政策评估记录表和行政项目审查表进行监测，政策评估记录表通过编制初步分析表对预算金额核对，及时对项目资金进行修订或补充。行政项目审查表是由负责项目的部门对政策项目进行检查，并听取外部专业专家学者的意见，最终形成考察意见，及时向公众公开项目评估结果。事后评估从政策审查和为改进、实施新政策提供信息的角度开展评估工作，最终形成政策评估书。事后评估过程中采用业务评估法、绩效评估法、综合评估法等方法。其中，业务评估法用于已经进行事前评估，但认为有必要进行事后审查的政策，主要面向具体项目层面工作。绩效评估法用于与复兴厅主要行政目标相关的政策或者以结果为导向的政策。而综合评估法是综合运用业务评估法、绩效评估法等主要要素或一贯结构的评估方法，如图3–4所示。

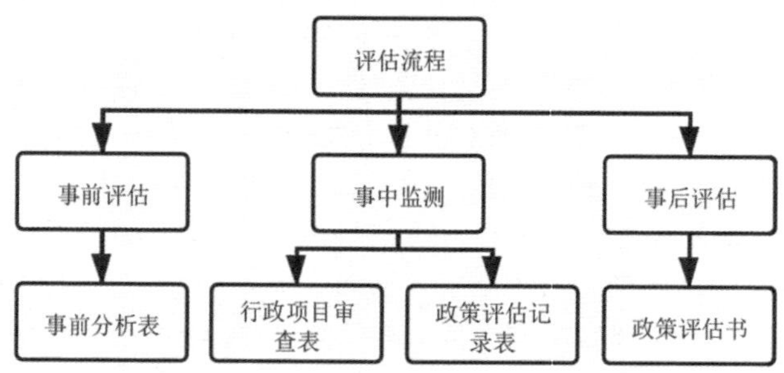

图3–4　东日本大地震灾后重建政策评估流程

业务（项目）评估中具体考量因素包括应达成目标、设定目标根据、政策评估实施预定时间、测定目标、测定指标选定理由、年度目标、达成手段、预算等。具体考核指标涉及六大类，包括避难者、基础设施建设、产业发展、企业恢复、福岛原子能治理以及其他层面。

除此六方面外，日本政府重点对复兴财政拨款进行核对，从财政拨款额度、拨款用途、各机构财政拨款执行情况等方面考核政策资金在支持受灾重建工作中的使用效率。同时，政府也会对灾区劳动雇佣情况（包括雇佣人数、性别比例和失业救济金等）以及灾民心理健康（包括心理咨询服务、心理协会数量等）进行考察评估，如图 3-6 所示。

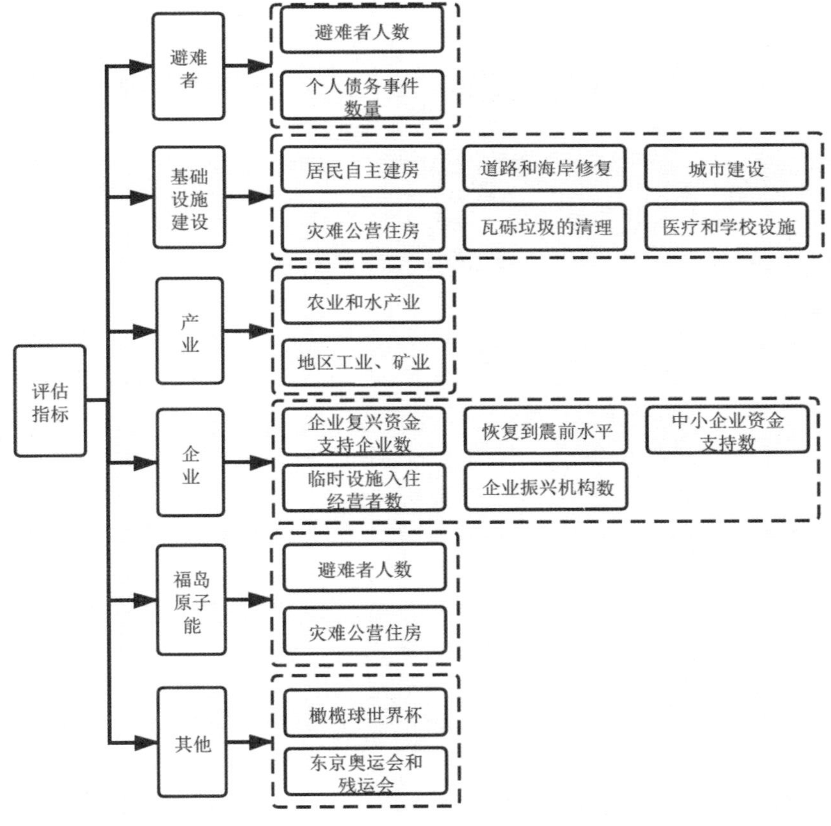

图3-5　东日本大地震灾后考核指标

以灾民住房重建有关措施为例，复兴厅自 2014 年起向受东日本大地震影响的人提供重建住房补助金，以应对从 2014 年 1 月 1 日起因消费税增加而导致购置住房费用上升问题。在事前分析中，复兴厅在事前分析表中，明确援助项目的措施概要、设定目标及理由、政策评估的计划执行期、测量指标选择及理由及实现手段等方面内容。过程监测中，复兴厅公开行政项目审查表，对重建援助政策的预算金额、执行金额、成果目标、实际目标、单位成本、业务效率和有效性等因素进行考核，综合专家和行政业务审查促进小组的建议，及时改进项目认可度低、宣传力度小等问题。政策评估报告中，主要结合现实情况对初步预算进行修订或补充。

复兴厅于2015年、2017年、2019年分别对灾民住房重建有关措施进行事后评估。评价因素包括预算和措施的执行情况（原始预算、补充拨款、结转、执行金额）、措施的实际进展、目标实现的程度等，并进一步对目前措施进行分析，以明确下一阶段的方向，如表3-6所示。

表3-6　日本复兴厅政策评估书（事后评估）评价结果汇总

<table>
<tr><th>评估因素</th><th>2015年</th><th>2017年</th><th>2019年</th></tr>
<tr><td>措施实际进展评价</td><td>截至2015财政年度，住房重建福利计划已经提供了8,134项福利，并将持续提供支持。</td><td>截至2017财政年度，住房重建福利计划已提供了19,370项福利，并将持续提供支持。</td><td>截至2019财政年度，住房重建福利计划已提供已经提供了25,388项福利，并将持续提供支持。</td></tr>
<tr><td rowspan="2">目标实现程度评价</td><td colspan="2">已经取得重大进展</td><td>目标实现</td></tr>
<tr><td>2015财政年度，住房重建福利计划，在举行咨询会议以促进民众对制度的认识和顺利申请住房重建福利的同时，提供8,134项福利，并被判定为实现了目标。</td><td>2017财政年度，住房重建福利计划，在举行咨询会议以促进对制度的认识和顺利申请住房重建福利的同时，提供19,370项福利，并被判定为实现了目标。</td><td>2019财政年度，住房重建福利计划，提供了25,388项福利，同时举行咨询会议以促进公众对制度的认识和住房重建福利的顺利申请，并被判定为实现了目标。</td></tr>
<tr><td>对措施的分析</td><td colspan="2">根据高台搬迁和维修的进度，受影响人的房屋重建会受到影响，这可能会影响房屋重建收益的数量。但该项目仍被认为对要实现的目标做出有效和高效的贡献。</td><td>分析认为，目前的措施和手段对要实现的目标做出了有效和高效的贡献。</td></tr>
<tr><td>下一阶段的方向</td><td colspan="3">由于这些措施的目标和衡量指标没有特别的问题，希望继续设定相同的目标和衡量指标，并评估这些措施在中长期的进展。</td></tr>
</table>

四、震后重建公共政策的评估结果运用

《86号法令》明确规定政府部门接受国会对政策评价的监督，在每个评估做完后都有反馈环节，将结果及时提供给管理者参考和使用。日本《政府政策评估法案》对评估结果运用路径进一步细化，一方面复兴厅须从必要性、效率性和有效性等角度进行自我评价，适时把握所管辖政策的效果，对政策实施中出现的好的做法和经验加以推广或宣传，对存在的问题进行改进和完善，并将评价反映到相应的政策中。另一方面，在中期基本计划和每年的实施计划中，复兴厅需对政策评价的结果编制评价报告，并予以公布。

评估结果的应用主要体现在对预算调整和政策调整产生影响。一方面，政府部门依据评估发现问题，对初期预算进行补正，及时对不合理或不适当的项目或计划进行调整，并在《政策评估记录表》中进行补正，例如，在促进重建的相关援助措施中，复兴厅根据评估结果在2017年度下调预算43，181万日元，2018年同业也予以170，049.7万日元的下调修正。另一方面，在行政项目审查表和政策评估书中，各部门还依据评估结果相应增加、修改或取消有关政策或措施。例如，2013年复兴厅对“房屋重建福利政策”进行审查，项目虽取得部分进展，但项目宣传力度和群众认可度不高，为此，相关部门及时举行咨询会议宣传项目，以促进民众对制度的认识，并在《政策评估书》中得到肯定。

第四章｜我国公共政策评估实践

第一节　我国公共政策评估发展历程

一、公共政策评估历史发展脉络

我国对公共政策开展评估的历史始于20世纪50年代，在计划经济时代多是对计划执行情况的检查和总结，采用简单化、指令性的评估方法。随着我国改革开放深入，逐渐发展为对重大项目（工程）、战略规划、重大政策进行评估。特别是党的十九届三中全会审议通过《中共中央关于深化党和国家机构改革的决定》，在以习近平同志为核心的党中央对简政放权改革作出的重大部署背景下，国家发展改革委于2019年成立评估督导司，旨在拟定相关重大战略规划、重大政策、重大工程等评估督导的制度并组织实施，提出相关评估评价意见和改进措施建议，进一步明确了公共政策评估工作的地位。

（一）重大项目（工程）评估的发展历程

我国的项目评估从20世纪50年代末开始，当时主要是学习苏联经验，对一些大型建设项目进行论证、评估，所采用的方法主要是静态分析方法，该方法一直沿用到70年代末期。

进入20世纪80年代，随着我国改革开放深入推进，我国在总结经济建设经验教训的基础上，政府相关部门对项目评估的研究和推广给予高度重视，其间，世界银行发挥了重要作用。1980年我国恢复了在世界银行的合法席位，1981年成立了以转贷世界银行贷款为主要业务的中国投资银行。1983年，中国投资银行首次推出了《工业贷款项目评估手册》（试行本），以后又历经多次修订。同年，原国家计委下达了《关于建设项目进行可行性研究的试行管理办法》，重申“建设项目的决策和实施必须严格遵守国家规定的基本建设程序”、“可行性研究是建设前期工作的重要内容，是基本建设程序中的组成部分”。80年代中后期，原国家计委、国家经委、中国建设银行、中国国际工程咨询公司以及国务院有关部门先后公布了不同类型的项目评估方法，具有标志性的是1987年原国家计委和建设部出版《建设项目经济评价方法与参数》（第一版），为建设项目评估工作提供了必要的方法和依据，也为项目投资决策指明了方向。

90年代以后，我国项目评估理论和方法日趋成熟。1993年，原国家计委和建设部修订出版《建设项目经济评价方法与参数》（第二版）。进入21世纪，政府决策部门、投资者、金融机构深刻体会到项目评估对投资决策的重要性，进一步完善了项目评估理论和方法。2001年，中国国际工程咨询公司推出了一整套项目评估原理和方法。2006年，国家发展改革委和建设部修订出版了《建设项目经济评价方法与参数》（第三版），标志着我国项目评估理论和方法越来越成熟，项目评估已成为项目投资决策科学化、民主化和规范化的重要手段。2019年，国家发展改革委成立评估督导司，进一步明确了重大项目（工程）的评估督导制度。

（二）重大战略规划评估的发展历程

1996年，原国家计委开展“八五”时期投产的81个国家重点项目基本建设投资效益调查，在一定程度上起到了进一步深化投资体制改革全面提高投资效益的作用，我国规划评估初具雏形。2003年，国家发展改革委员会发展规划司下发通知，组织实施《国民经济和社会发展第十个五年计划纲要》中期评估，要求各省和各部委对各自“十五”计划进行中期检查，这是发展规划领域的第一次正式评估，开启了发展规划评估的先河。

2005年，《国务院关于加强国民经济和社会发展规划编制工作的若干意见》(国发〔2005〕33号)明确提出实行规划评估制度。2006年3月，第十届全国人民代表大会第四次会议审议通过了《国民经济和社会发展第十一个五年规划纲要》，提出要落实评估规划程序。2006年8月，第十届全国人民代表大会常务委员会第二十三次会议审议通过的《中华人民共和国各级人民代表大会常务委员会监督法》，强化规划评估要求。2008 年，国家发展改革委发布《关于开展“十一五”规划纲要中期评估工作的通知》，大范围地开展规划纲要中期评估工作，在评估程序、评估主体、评估报告、评估结果应用等方面进行了有益的探索，推动了发展规划评估的规范化和制度化发展。

2011 年，在《国民经济和社会发展第十二个五年规划纲要》设置规划评估专章。2013 年，国家发展改革委下发《关于开展“十二五”规划纲要中期评估工作的通知》，细化规划评估重点。2015 年 6 月，国家发展改革委发展规划司召开国家“十二五”规划实施情况总结评估座谈会，将国家“十二五”规划实施情况总结纳入规划评估体系。2016 年 3 月，发布《中华人民共和国国民经济和社会发展第十三个五年规划纲要》，明确规定规划实施情况动态监测和评估工作。2016 年 10 月，中共中央办公厅、国务院办公厅印发了《关于建立健全国家“十三五”规划纲要实施机制的意见》，对规划纲要实施作出了全面部署。2018 年，中共中央国务院《关于统一规划体系更好发挥国家发展规划战略导向作用的意见》再次强调规划评估结果应用。

（三）重大政策（决策）评估的发展历程

随着改革开放，宏观调控体系的逐步建立，一些部门、领域开始对重大决策、政策的执行情况开展事中事后评估评价和督促落实，评估督导工作逐渐成为相对独立的行政事项。1990 年 1 月，中共中央办公厅在全国省区市党委秘书长座谈会上，正式使用“督查”这一概念，统一了过去通常用的催办、督办、查办等提法。同年，原国家教委颁布《普通高等学校教育评估暂行规定》，对高教评估的性质、目的、任务、指导思想、基本形式等做了明确规定。随着评估工作重要性逐渐受到重视，开展政策评估的领域也逐步拓展至经济、科技、就业、区域发展、社会民生等多项公共服务领域。

20 世纪以来，伴随依法行政的全面推进和宏观调控体系的不断完善，对重大决策和政策的评估督导逐步成为法定事项。2002 年，国务院发布的《全面推进依法行政实施纲要》规定，规范性文件应当定期开展实施评估与监督检查。价格、土地、产业、就业政策成为率先开展系统化评估的重点，第三方评估机构不断涌现，不少企事业单位、各级发展研究中心、高等院校及民间机构开始接受政府委托开展评估工作。督查工作逐步实现常态化，由过去的专项查办拓展到决策督查、督查调研、综合反馈、管理考核等各个方面。

党的十八大后，评估督导工作进入全面快速发展阶段，特别是推进“放管服”改革以来，各部门、各地都将评估和督导作为加强事中事后监管的重要手段，开展了大量评估与督导工作。2017 年 3 月施行的《中国共产党工作机关条例》，明确提出党的工作机关应当建立有效的督查、评估和反馈机制；2017 年国务院修订《规章制定程序条例》，对评估的论证、组织和成果运用作出了明确规定；2019 年《重大行政决策程序暂行条例》（国务院令 713 号）提出，决策机关应当对执行情况进行督促检查，开展决策后评估，评估结果作为调整重大行政决策的重要依据。

党的十九届四中全会明确提出，要“健全决策机制，加强重大决策的调查研究、科学论证、风险评估，强化决策执行、评估、监督”。党的十九届五中全会提出“健全重大政策事前评估和事后评价制度”。这进一步明确了公共政策评估制度对于健全决策机制、提高决策科学化民主化法治化水平的重要作用，对在新时代提高党的执政能力和领导水平，推进国家治理体系和治理能力现代化具有重要意义。

总体上，重大战略规划、重大政策、重大项目（工程）的研究和实践在我国还处于起步探索阶段。虽然相关研究已经展开了讨论，但由于法制化进程滞后，发展评估的法律地位也还不明确。截至目前，有关政策规划工程及评估的绝大多数制度安排都是通过国务院、发展改革委等相关部委所发布的各类通知文件体现，虽然也具有一定的约束力，但并不是正式的法律法规。有关评估的组织形式、评估主体、评估内容、监督机制等大都还是探索性和原则性的，评估还未真正成为各级政府规划工作必须完成的法定环节，这也在很大程度上影响了评估的应用效果。

二、公共政策评估法律体系

我国公共政策评估法律体系目前尚不健全，缺乏对公共政策评估的专门立法。2006 年 8 月通过的《中华人民共和国各级人民代表大会常务委员会监督法》，将中期评估制度以法律条文形式进行界定，规定“人民政府应当将国民经济和社会发展五年规划实施中期评估报告提请本级人民代表大会常务委员会审议”，这标志着发展规划实施中期评估已经实现法制化。其中，该法第二十一条规定，国民经济和社会五年规划经人民代表大会批准后，在实施的中期阶段，人民政府应当将规划实施情况的中期评估报告提请本级人民代表大会常务委员会审议。规划经中期评估需要调整，人民政府应当将调整方案提请本级人民代表大会常务委员会审查和批准。另外，全国人大及其常委会也通过一些具有一定法律效力的有关文件。例如，2011 年 3 月，十一届全国人大四次会议上，《关于预算审查结果报告》中提出，要加强预算支出绩效考核。2016 年 3 月，十二届全国人大四次会议审议通过的《中华人民共和国国民经济和社会发展第十三个五年规划纲要》中明确要求，各地区、各部门要加强对规划实施的组织、协调和督导。开展规划实施情况动态监测和评估工作，把监测评估结果作为改进政府工作和绩效考核的重要依据，并依法向全国人民代表大会常务委员会报告规划实施情况，自觉接受人大监督。

三、公共政策评估制度体系

相比立法体系，我国规划和公共政策评估的政策制度体系较为健全，在实践中，已形成公共政策与规划评估的一套独特的制度体系，成为有效指导规划和公共政策评估的主要政策导向和重要依据。

（一）党中央国务院有关文件规定

我国出台多项制度规定，对公共政策评估机制进行探讨，但多数文件集中于对财政预算和政策投资绩效的考核评估，整体性政策评估文件相对较为匮乏。2003 年，党的十六届三中全会通过的《中共中央关于完善社会主义市场经济体制若干问题的决定》明确提出，要“建立预算绩效评价体系”，并首次对国家“十五”计划纲要开展中期评估。2005 年，国务院发布《国务院关于加强国民经济和社会发展规划编制工作的若干意见》（国发〔2005〕33 号），提出建立规划评估调整机制，明确提出实施规划评估制度，评估结果作为修订规划的重要依据，“十一五”“十二五”“十三五”期间对发展规划的评估工作逐步完善，最终形成对五年规划纲要开展“年度监测评估 + 中期评估 + 总结评估”的事中事后评估体系，如表 4-1 所示。

表 4-1　涉及政策评估相关文件

年份	文件名称
1985.11	关于开展高等工程教育评估研究和试点工作的通知
1990.10	普通高等学校教育评估暂行规定
2003	中共中央关于完善社会主义市场经济体制若干问题的决定
2005.01	关于进行 2004 年各类突发公共事件评估分析的通知
2005.10	关于加强国民经济和社会发展规划编制工作的若干意见
2005.12	关于做好 2005 年各类突发公共事件评估分析的通知
2006.08	中华人民共和国各级人民代表大会常务委员会监督法
2007.01	关于做好 2006 年突发公共事件应对工作评估分析的通知
2009	“十一五”规划实施中期评估报告
2011.03	国民经济和社会发展第十二个五年规划纲要
2011.06	关于立法后评估试点工作情况的报告
2011.11	国务院关于加强法治政府建设的意见
2012.07	关于《中华人民共和国残疾人保障法》立法后评估的报告
2012.11	坚定不移沿着中国特色社会主义道路前进 为全面建成小康社会而奋斗
2012.12	关于《中华人民共和国中小企业促进法》有关制度立法后评估工作情况的报告
2013.09	关于取消 76 项评比达标表彰评估项目的决定
2013.11	中共中央关于全面深化改革若干重大问题的决定
2013.12	关于《中华人民共和国国民经济和社会发展第十二个五年规划纲要》实施中期评估报告
2014.09	中央政府投资项目后评价管理办法
2015.07	关于委托对国务院重大政策措施落实情况开展第三方评估的函
2015.10	中共中央关于制定国民经济和社会发展第十三个五年规划的建议
2016.03	国国民经济和社会发展第十三个五年规划纲要
2016.10	关于建立健全国家“十三五”规划纲要实施机制的意见
2016.12	生态文明建设目标评价考核办法
2017.12	《关于争议较大的重要立法事项引入第三方评估的工作规范》

续表

年份	文件名称
2018.12	关于《中华人民共和国国民经济和社会发展第十三个五年规划纲要》实施中期评估的调研报告
2018.12	关于《中华人民共和国国民经济和社会发展第十三个五年规划纲要》实施中期评估报告
2018	国家发展改革委投资咨询评估管理办法
2019.04	政府投资条例
2019.04	重大行政决策程序暂行条例
2021.03	中华人民共和国国民经济和社会发展第十四个五年规划和 2035 年远景目标纲要

资料来源：各中央部委网站

2009 年 9 月召开的党的十七届四中全会和 2010 年 10 月召开的党的十七届五中全会均提出，健全对中央重大决策部署执行情况开展定期检查和专项督查制度、纪律保障机制的要求，进一步提高监督检查工作制度化、规范化、科学化水平。2012 年 10 月，中共中央办公厅、国务院办公厅印发《关于建立健全中央重大决策部署贯彻执行情况监督检查机制的意见》，对建立健全监督检查组织领导机制做出更加具体的规定。2014 年 10 月，党的十八届四中全会通过《中共中央关于全面推进依法治国若干重大问题的决定》，提出“要制定和完善发展规划、投资管理、土地管理、能源和矿产资源、农业、财政税收、金融等方面法律法规”。2015 年 10 月，党的十八届五中全会通过《中共中央关于制定国民经济和社会发展第十三个五年规划的建议》，指出“要突出规划的约束力和可操作、能检查、易评估”。2016 年 10 月，中共中央办公厅、国务院办公厅印发《关于建立健全国家“十三五”规划纲要实施机制的意见》（中办发〔2016〕65 号），强调要“加强动态检测分析，建立年度检测评估机制，完善中期评估和总结评估机制，加强规划实施考核评价”。

（二）国家发展和改革委员会的事中事后评估督导工作

国家发展和改革委员会的事中事后评估督导工作起步于 20 世纪 80 年代末，首先产生于工程项目领域。原国家计委陆续组织开展对第一批国家重点投资建设项目的后评价，如 1998 年，对“八五”期间建成投产的 400 多个大中型工程项目进行全面后评价，项目后评价逐步成为总结重大项目建设经验、提高项目决策水平的重要方式。同时，随着“放管服”改革、项目审批权限下放，利用重大项目库等对重大建设项目和中央投资项目开展事中事后监管成为推进项目规范实施的常规手段。

在战略规划方面，2003 年，国家发展改革委首次对国家“十五”计划纲要开展中期评估，2005 年，国务院出台《关于加强国民经济和社会发展规划编制工作的若干意见》，明确提出实施规划评估制度，评估结果作为修订规划的重要依据，“十一五”“十二五”“十三五”期间对发展规划的评估工作逐步完善，最终形成了对五年规划纲要开展“年度监测评估 + 中期评估 + 总结评估”的事中事后评估体系。

重大政策方面，国家发展改革委越来越重视通过实施评估检验政策效果、通过监督检查推动政策落地，近年来，组织了对多项改革方案的实施情况评估。许多重大政策直接在文本中规定评估督导相关条款，经梳理，“十三五”期间国家发展改革委出台的 128 项重大政策中，超过一半明确要求开展监测评估、督促检查等工作。具体来看，国家发展改革委 2014 年出台《国家发展改革委重大事项后评估办法（试行）》（发改办政研〔2014〕1257 号），并于 2016 年修订为《国家发展改革委重大事项后评估项目管理暂行办法》（发改办政研〔2014〕790 号）。2018 年出台《国家发展改革委投资咨询评估管理办法》（发改投资规〔2018〕1604 号），评估对象既包括中央投资专项、政府投资项目，也包括涉及重大建设项目的专项规划。近年来，国家发展改革委正在研究制定国家发展改革委评估督导工作相关办法，紧密围绕党中央、国务院部署和委领导要求，推动重大战略规划、重大政策、重大工程的扎实落实，加强事中事后监管，推动党中央、国务院决策部署不折不扣贯彻落实。

四、我国公共政策评估的现实成效

我国公共政策主要是指党的路线方针政策，国家重大战略、重大规划、重大工程项目，国务院及有关部委制定的用于宏观调控、优化经济运行、指导经济社会发展的宏观政策。经过多年实践探索，我国公共政策评估机制不断完善，评估体系逐步健全，已形成独具特色的制度优势。

（一）评估制度体系不断完善

党的十六届三中全会提出，“建立预算绩效评价体系”。党的十七届四中和五中全会均提出，健全对中央重大决策部署执行情况定期检查和专项督查制度、纪律保障机制，进一步提高监督检查工作制度化、规范化、科学化水平。党的十八大以来，党中央高度重视政策评估工作。十八届四中全会提出，“健全依法决策机制，把公众参与、专家论证、风险评估、合法性审查、集体讨论决定确定为重大行政决策法定程序，建立行政机关内部重大决策合法性审查机制，建立重大决策终身责任追究制度及责任倒查机制。”十八届五中全会通过的《中共中央关于制定国民经济和社会发展第十三个五年规划的建议》指出，“突出规划的约束力和可操作、能检查、易评估”。十九届四中全会进一步强调，“健全决策机制，加强重大决策的调查研究、科学论证、风险评估，强化决策执行、评估、监督”。“健全人大组织制度、选举制度和议事规则，完善论证、评估、评议、听证制度”。《中华人民共和国各级人民代表大会常务委员会监督法》对五年规划实施情况的中期评估做出明确规定。

（二）评估组织机制不断健全

从国家发展改革委评估实践看，目前已形成 4 类评估机制：一是重大事项后评估，已出台《国家发展改革委重大事项后评估办法（试行）》（发改办政研〔2014〕1257 号），并于 2016 年修订为《国家发展改革委重大事项后评估项目管理暂行办法》（发改办政研〔2014〕790 号）。二是重大战略和重大规划后评估，《国务院关于加强国民经济和社会发展规划编制工作的若干意见》（国发〔2005〕33 号）中提出实行规划评估制度；2014 年出台《国家发展改革委关于重大战略和重大规划后评估暂行办法》（发改办规划〔2014〕3264 号）；2016 年中共中央办公厅、国务院办公厅印发了《关于建立健全国家“十三五”规划纲要实施机制的意见》（中办发〔2016〕65 号）提出，加强动态监测分析，建立年度监测评估机制，完善中期评估和总结评估机制，加强规划实施考核评价。三是重大改革后评估，2015 年出台了《国家发展改革委重大改革后评估暂行办法》（发改办经体〔2015〕1269 号）。四是投资咨询评估，2018 年出台了《国家发展改革委委托投资咨询评估管理办法》（发改投资规〔2018〕

1604 号），评估对象既包括中央投资专项、政府投资项目，也包括涉及重大建设项目的专项规划。

（三）公共政策评估体系持续优化

从规划评估看，目前已形成中期评估、总结评估和年度监测评估三种类型。从评估主体看，目前已形成国家、省（自治区、直辖市）、市（县）三级评估主体，既包括以发展改革、审计等部门为主的政府自评估，也包括社会化的第三方评估。从评估范围看，评估对象涉及经济、政治、文化、社会、生态五大领域。从评估程序看，通常由牵头部门提出评估方案，并组织国务院各部门、各省（自治区、直辖市）、第三方评估机构及其他方面进行评估，汇总形成评估报告后报国务院审核，最后按照法定程序提请全国人大常委会审议或向社会公开发布。从评估成效看，评估报告已成为有效指导行政行为、提升部门绩效、推动规划和公共政策实施的重要依据。

第二节　我国公共政策评估主要机构

随着我国公共政策评估制度不断完善，我国公共政策评估机构不断发展壮大。我国政策评估主体特点是以官方为主，近年来，我国政策评估主体呈现多元化发展，民众参与政策评估力度不断增加，中央层面和地方政府层面的评估机构日益增多。

一、我国现有评估主体

我国评估涉及的主体主要分为三类：一是评估的决策责任者，二是评估的组织实施者，三是评估的参与者。原则上，政策评估可以由内部或者外部主体实施。组织实施评价的机构可以是机关自身、机关指定机构或者其下属的有关部门等内部主体，也可以是独立于机关的外部主体。这就形成了评估的内部模式和外部模式：内部模式实质上是由机关及其相关部门实施的自我评价，此时决策责任者和组织实施者为一体，属于第一方评估；外部模式则由第三方负责，属于第三方评估，决策责任者与组织实施者相分离。在实践中，两种模式都会吸收参与者进入评估场域，只是参与的程度不尽相同。

我国长期以来缺乏正式的公共政策评估组织，存在评估主体缺位的突出问题，现阶段我国的公共政策评估主体以官方为主，以内部评估主体为主，缺乏外部评估主体，即以官方为主，缺乏社会组织和社会公众的参与。大多数政府部门在公共政策评估实践过程中，只是在系统内部通过自下而上的总结报告等形式对本部门或本系统工作进行总结评估，政策评估主体单一。由于缺乏专门的评估机构统筹组织公共政策评估，以政府内设机构评估为主，导致评估工作力度不够，特别是事中事后评估工作较薄弱。这将致使在公共政策评估过程中，只重视自身评价，忽视作为政府行为相对人的社会组织和社会公众的评价。

同时评估主体不够独立，很多业务部门既是政策制定者，也是实施者，要对政策实施效果负总责，在开展政策评估时或多或少存在“报喜不报忧”情况，以总结成绩、实施成效为主，在发现问题、剖析问题时避重就轻，或者过分强调客观原因。

我国公共政策评估主体多样性不断提升。2013 年 9 月，国务院首次引入第三方评估，委托全国工商联对鼓励民间投资“新 36 条”的落实情况进行评估，这是历史上第一次小范围的第三方政策评估。2014 年，国务院在派出 8 个督察组分赴各地各部门全面督查的同时，委托 4 家机构开展第三方评估。2015 年，受国务院委托，全国工商联、中国国际经济交流中心及相关高校、研究机构等对简政放权和放管结合、支持小微企业、金融服务实体经济、区域协同发展等政策落实情况开展评估，起到发现政策问题、推动政策落实和督促提醒的作用。

民众参与公共政策评估的力度不断增加。普通民众参与公共政策评估的渠道增加，以政务信息公开为例，1997 年，十五大报告中指出：“城乡基层政权和基层群众性自治组织，都要健全民主选举制度，实行政务和财务公开，让群众参与讨论和决定基层公共事务和公益事业，对干部实行民主监督。”2006 年 10 月，党的十六届六中全会从构建社会主义和谐社会的高度，把政务公开作为促进和谐社会的重要制度保证。党的十七大进一步强调，“确保权力正确行使，必须让权力在阳光下运行”。2008 年 3 月，“推进政务公开”被写进《国务院工作规则》。党的十八大以来，党中央、国务院高度重视并继续推进政务公开工作，党的十八届三中全会提出，“完善党务、政务和各领域办事公开制度，推进决策公开、管理公开、服务公开、结果公开。”

二、中央和国家机关评估督导机构设置情况

在中央机关层面，中共中央办公厅下设中办督查室，负责对中央重大决策、重要工作部署贯彻落实开展督促检查，做好中央领导同志批示、交办事项的专项查办；国务院办公厅下设国办督查室，负责组织开展重大专项督查，承办与有关中央机关联合开展的督查工作；全国人大各专门委员会都有对法律和有关法律问题的决议、决定贯彻实施情况开展执法检查的职责。

在国家部委层面，审计署专司国家财政收支、重大政策措施贯彻落实情况的审计监督，除此之外，其余 36 个国务院组成部门、直属特设机构、直属机构中，有 20 个部门（机构）单独设立了职能司局，对本部门职责范围内重大决策政策和重大事项开展评估、评价、监测、检查、督导、督查等相关工作。其中，国家发展改革委、财政部、科技部等 8 个部门的单设司局兼具评与督两方面职能，如表 4–2 所示。

表 4–2　国务院部评估督导相关机构设立情况[①]

部门	内设机构	部门	内设机构
国家发展和改革委员会	评估督导司	教育部	教育督导司
科学技术部	科技监督与诚信建设司	国家民族事务委员会	监督检查司
国家安全部	警务督察局	司法部	法治督察司
财政部	监督评价司	人力资源和社会保障部	劳动保障监察司
生态环境部	环境影响评价与排放管理司、中央生态环境督察办公室	住房和城乡建设部	工程质量安全监察司

① 我国评估督导工作实践概述 https://mp.weixin.qq.com/s/dQz2V0DZoplzLzfvs06NPA.

续表

部门	内设机构	部门	内设机构
交通运输部	安全与质量监督管理司	水利部	安全监督司
国家卫生健康委员会	安全标准与监测评估司	应急管理部	调查评估和统计司
国有资产监督管理委员会	综合监督局、监督追责局	海关总署	督察内审司
国家税务总局	稽查内审司	国家统计局	统计执法监督局
国家国际发展合作署	监督评估司	国家医疗保障局	基金监管司

资料来源：根据国家发展改革委评督司、中咨研究发表的《我国评估督导工作实践概述》文章整理

中央直属事业单位层面，国务院发展研究中心各内设专业部门都有公共政策评估职能，长期以来受党中央和国务院委托开展了大量评估工作，部分国家部委也设立了专门从事政策评估的直属事业单位，如科技部的国家科技评估中心、教育部的中国教育政策评估研究中心等。

从我国公共政策和规划评估实践来看，评估主体目前主要以政府发展改革部门、审计部门等部门为主，从层级上看，包括国家、省（自治区、直辖市）、市（县）等层级。评估范围涵盖政治、经济、文化、社会、生态等各个领域。评估流程主要是，牵头部门负责，以发布正式通知文件形式启动政策评估工作，组织国务院各部门、各省（自治区、直辖市）、第三方评估机构及其他方面进行评估，牵头部门汇总形成评估报告后，上报国务院审核。同时，评估方式采取自我评估与第三方评估相结合，委托世界银行、国务院发展研究中心、清华大学国情研究院三家机构开展第三方评估。

第三节　我国公共政策评估方法

我国在实践层面对于政策评估方法没有过多经验总结，但是理论层面政策评估方法却不断丰富发展。我国公共政策评估方法理论研究经历了价值分

析、实证分析、后实证主义分析的发展过程。国内学者对评估方法的梳理探讨，主要受到西方理论的影响，主要围绕政策效果评估方法、政策效能评估方法、政策执行过程评估方法、公共政策方案评估四个方面开展研究。

一、公共政策效果评估方法

公共政策效果评估方法是通过辨识政策效果的性质、范围、程度和大小，证实政策输出与政策效果之间的因果关系，从而考量政策目标实现的程度，确认政策是否促成了预期效果。政策效果评估有三种基本方法，即非政策效果及其滤除策略、政策效果评估的定性方法、政策评估效果的定量方法。通过政策评估的基本方法指引，政策评估者进一步明确在进行政策评估时所采取的基本途径和手段。

（一）政策效果评估的定性方法

国内政策评估的兴起阶段，受我国传统治理方式影响，以定性评估方法为主。定性评估方法是指评估者根据自己的经验和知识，综合运用逻辑思维，通过对评估对象的性质进行分析和判断，进而形成对政策效果、体系和过程的基本评判。定性评估方法是我国公共政策评估实践中最通用的方法之一。定性评估可由各个政策评估主体分别进行，但是在各评估主体对公共政策进行定性评估中，系统评估是最基本的、最常见的定性评估工具。根据评估的层次，该方法可细化为整体评估法、层次评估法两种类型。一种类型是整体评估方法，侧重于整体上评价政策效果，评估重点包括公共政策发挥怎样的整体功能、政策各组成部分是否发挥了应有的功能、政策各组成部分的功能是否相互协调、政策功能是否与政策环境相适应。另一种类型是层次评估方法，侧重于从政策的内部层次出发评价公共政策，评估重点包括政策是否具有合理的层次、政策之间是否界限分明、各层次政策目标是否服从政策的整体目标。

（二）政策效果评估的定量方法

改革开放后，受到西方评估理论与方法的影响，加之公共政策数量的增多，以量化方法展开政策分析的重要性凸显。国内学者开始将注意力转向实证主义政策评估方法论的学习，以事实和数据来支撑评估结论的权威性和可靠性。定量评估方法是指根据调查研究、资料搜查所获得的信息，运用运筹学、统计学、数学、计量经济学、系统工程理论等学科的理论与方法，建立政策评估的数学模型，然后借助电子计算机等手段进行大量的计算来求得答案的方法、技术。政策效果评估量化方法多样，均以“前后对比法”为基础。前后对比评估法又可具体分为简单的前后对比评估法、投射－实施后对比评估法、有政策－无政策对比评估法、控制对象－实验对象对比评估法四种基本类型。进入 21 世纪，定量分析方法在公共政策中日益受到重视，并有被推崇的趋势。有学者对当前公共政策反思，提出在评估公共政策时候，应当综合定量分析方法和定性分析方法，不能唯定量分析论，而是要透过数据去理解其背后包含的公共价值与公共利益，从而把握公共政策评估的本质。

二、公共政策效能评估方法

政策效果评估一直是围绕政策效能与政策效率展开的。政策效能考量的是在政策投入既定的情况下，政策目标实现的程度；政策效率关注的是政策投入是否发挥了最大作用。由于政策效能与效率都关注成本投入，因而形成了政策评估的量两种基本方法，即成本－收益分析法与成本－效能分析法。

（一）成本－收益分析法

考量成本与收益应当是多方面的，包括真实的与货币的、直接的与间接的、有形的与无形的、中间的与最终的、内部的与外部的。政策评估实践中，原则上采用消费者剩余来测量和计算公共政策收益。由于消费者剩余难以直接观察，通常采用影子价格、贴现或者折扣等变通方法。成本收益分析法具体体现为净现值法、净现值率两种方法。

（二）成本－效能分析法

成本－效能分析法是对成本－收益分析法的一种改进方案，主要针对各种可供选择政策方案的成本与其达到特定目标的有效性程度进行比较。成本－效能分析法考虑的是为达到统一目标的各种备选方案中，哪一个成本最低。通常步骤为确定政策目标，然后以货币为统一尺度，分别计算各个备选方案的各种有形成本，并进行加总。最后根据加总的有形成本，对政策方案进行排序。

三、公共政策执行过程评估方法

对执行过程评估是通过评估政策执行的情形，以及政策是否达到特定的标的团体或实施区域，判别出由于执行过程所导致的政策成功或失误的原因及其改进途径。公共政策执行过程的评估方法主要包括社会审计、社会系统核算、社会实验、综合案例研究四种。

（一）社会审计

社会审计是评估政策执行过程的主要方法，目前已为世界各国政府、非政府组织、私人机构以及众多的国际组织采用。利用社会审计监测政策过程，主要有资源分离、资源转换两种类型。社会审计力图清楚地监测政策投入、过程、产出以及其影响之间的关系，试图跟踪资源投入，从开始投资到资源被接收、资源的目标群体感受到为止。

（二）社会系统核算

社会系统核算是对主观和客观社会状况变化进行监测评估的一种量化方法，在政策评估实践中被世界各国政府以及许多国际组织广泛使用。社会系统核算的主要分析因素是社会指标，即衡量总体各个部分随时间变化以及社会状况的统计量。

（三）社会实验

社会实验通过随机分配的方法将社会实验的参与者分为实验组和控制组，进而考察社会项目对参与者的影响，是进行公共项目评估的基本方法。[①] 社会实验主要有四种类型，即相关涉及、时间序列分析、非等组前后测试设计和现场实验设计。社会实验一般是通过项目组内的不同类型政策行为之间的差别，来获得关于政策结果变化源头问题的答案，寻找解决社会问题的途径。

（四）综合案例研究

综合案例研究是一种对政策执行过程和结果进行系统整理、对比和评价的方法。综合案例研究具有以下优点：能够对政策过程的总结提供相同或类似案例的论据；能够有效地整理、评估政策执行案例和研究报告；能够有效

① 余向荣:《公共政策评估的社会实验方法：理论综述》,《经济评论》,2006 年第 2 期。

地考察主观和客观的社会状况。但是这种方法在有关政策执行信息的可靠性和有效性方面，让人仍存在疑虑。

四、公共政策方案评估方法

从目前政策发展的角度看，我国已逐步超越传统的以单一经济理性为主导的发展阶段，开始全景式公共政策的综合理性时代。政策制定与研究不应该简单以经济发展指标为价值取向，而应综合考虑新阶段国家和社会发展的多重需要，从政治、经济、社会、历史文化、心理诉求、可持续发展和国际环境等多个维度考量。① 由此，后实证主义政策分析兴起并不断发展。

公共政策的制定与执行涉及社会经济、政治、文化、生活等各个方面。同时政策效果不仅与行政执行系统及其工作过程有关，而且与政策方案的优劣、政策目标的公正合理程度密切相关。因此，政策评估不能仅满足于对政策效果与政策执行过程相关评估，还需要对政策方案进行评估。对政策方案的评估一般称为“预评估”，与政策执行“后评估”相比，预评估的不确定性和难度更大。预评估主要涉及两方面工作：一是预测政策方案实施后将会产生什么样的后果，能否达到预期目标，解决既定的公共政策问题；二是对政策实施方案进行可行性评估，即政策方案能否以一种高效、公平，并在政治上可行的方式达到预期目标。

（一）公共政策预测方法

由于公共政策具有未来取向的特点，因此政策评估者须以对未来的认识为基础，并以那些与政策问题相关的既有信息为前提，常见的预测方法有外推预测、理论模型预测、判断预测三类，如表 4–3 所示。

表 4–3　预测的三种类型

预测类型	依据	预测技术
外推预测	趋势外推	时间序列分析、线性趋势估计、幂的加权、数据变换、据变法

① 蓝志勇：《全景式综合理性与公共政策制定》，《中国行政管理》，2017 年第 2 期。

续表

预测类型	依据	预测技术
理论模型预测	理论、模型	理论图形化、因果模型、回归分析、点和区间估计、相关性分析
判断预测	有见地的判断	常规德尔斐法、交叉影响矩阵、政策德尔斐法、可行性评价

（二）政策方案可行性评估方法

政策方案的可行性评估主要是对该政策方案的技术、政策、经济、行政等方面的可行性做出评估。例如，经济可行性，既指一项政策方案的执行能获得财政资源的充分支持，也指政策方案的执行能够取得令人满意的经济效益或效率。对公共政策方案进行经济可行性评估的方法主要有净现值评估、成本－收益分析以及敏感性分析。再例如，技术可行性测量的是政策方案的结果能否达到预期目标，具体包含两层含义：其一，现有的技术或方法能够使得目标的实现成为可能；其二，政策方案能够在多大程度上实现政策目标。尽管技术可行性评估直截了当，且在多数情况下可以量化处理，但在实际政策评估中，技术可行性评估仍是一项相当复杂的工作。

五、我国公共政策评估方法实践

我国国内政策评估的兴起阶段，受我国传统治理方式影响，以定性方法为主。我国社会长期以来以道德代替法律，在这种自身封闭的观念体系和文化观念中，逐渐形成评估重价值判断而轻技术测量的治理方式。由于定性分析较为简单和直观，且容易掌握，因此定性方法的使用远远多于定量方法，研究成果多表现为政策问题分析报告、政策方案和政策建议、政策内容的注释；其研究取向主要围绕着所依附的政治精英的意愿和政治需要或者所属部门的利益需要而进行，导致在某种程度上影响了政策分析结论的客观性。

进入 21 世纪，国内学者开始转向实证主义政策评估方法论和后实证主义方法论，以数据和事实纠正我国传统治理方式中“重价值判断轻技术测量”的弊端，并为纯技术化领域的政策评估注入价值分析。学术界的政策评估研究理论发展，对于我国公共政策评估实践有一定影响，以下为上海市闵行区出台的公共政策评估规定。

2012 年 12 月 10 日，上海市闵行区出台了《关于推行公共政策评估的实施办法（试行）》。从整体来看，闵行区重大公共政策贯彻评估程序分为三个部分：第一部分是关于评估对象的甄选和评估的启动。从静态来看，评估范围包括了所有重大公共政策；从动态来看，包括了公共政策的制定、执行和效益评估三个阶段。第二部分是评估的具体过程。闵行区公共政策评估领导小组在确定开展重大公共政策评估后，制作政策制定报告或政策执行报告，提交评估办。由评估办通过公开招投标的方式，委托社会第三方评估机构开展专业评估，同时广泛收集听取意见。然后，评估办在社会第三方机构提出的专业评估报告基础上，整合各方意见和建议，形成综合评估报告。第三部分是关于综合评估意见的处理和落实。评估办将综合评估报告提交给区公共政策评估领导小组，经审议通过后，反馈给公共政策指定部分或实施部门，由部门调整、修整政策方案或制定新一轮政策。此政策方案或新一轮政策，由评估办联通综合评估报告，一并提交给区人大、区政协征询意见，并进一步完善，然后上报区委、区政府最终决策。最终决策做出后，评估办适时向社会公众公开综合评估报告及其落实情况。

2013 年间，根据该办法和相关文件，闵行区相继开展了 9 项评估，其中 7 项为预评估（事前评估），有的在评估环节被否决，大多数经过重要调整。以就业援助评估为例，重大修改或调整包括：政策目标群体界定更加明确、具体，细分为大龄农村富余劳动力、被征地人员、长期失业大龄低学历人员以及长期未就业青年；政策工具及方式做出调整，更加明晰、有效，将社保费补贴直接向企业兑现，调整为企业凭录用人员的“社保补贴券”兑换补贴。公共政策评估有效地推动政策制定过程的科学化，闵行区评估实践是我国基层政府推进政策评估工作制度化的成功试点，也是政府提高决策水平、提升治理能力的新探索。

第四节　我国公共政策评估主要挑战

长期以来，我国重视公共政策的制定和实施，但我国公共政策评估工作起步较晚，对公共政策实施效果的科学评估评价相对缺乏，已成为影响我国公共政策效果和质量的重要方面。为此，应借鉴西方发达国家和国际组织的有益经验做法，立足我国国情，通过构建科学化、规范化、法治化的我国重大政策评估体系，有利于监督考核政府执行公共政策的行为，合理追溯责任主体，推进人民满意的法治政府、创新政府、廉洁政府和服务型政府建设。

一、我国公共政策评估面临的主要挑战

改革开放以来，我国从中央到地方都研究制定、颁布实施了许多政策。从总体上讲，我国制定的政策是有效的，对推动改革开放和经济社会发展发挥了重要作用。但毋庸置疑，也有一些政策实际执行效果不理想，没有达到预期目标。与西方发达国家和国际组织的公共政策评估相比，“重制定，轻评估”是我国公共政策评估面临的主要挑战，主要表现在以下七个方面。

（一）公共政策评估组织

我国长期以来缺乏正式的公共政策评估组织，存在评估主体缺位的突出问题，由于缺乏专门的评估机构统筹组织公共政策评估，以政府内设机构评估为主，导致评估工作力度不够，特别是事中事后评估工作较薄弱。另外，评估主体不够独立，很多业务部门既是政策制定者，也是实施者，要对政策实施效果负总责，因此在开展政策评估时或多或少存在“报喜不报忧”情况，以总结成绩、实施成效为主，在发现问题、剖析问题时避重就轻，或者过分强调客观原因。

（二）公共政策评估机制

我国目前缺乏健全的公共政策评估机制，包括公共政策评估的法律法规、规章制度尚不完善。由于尚没有建立科学的公共政策评估机制，各级决策系统不同程度上对政策评估工作重视不够，政策评估工作并未在相关决策主体、实施主体、评估主体、利益相关主体之间达成共识。一些政策评估工作随意性较大，形式大于实质，将评估作为工作总结，未能真正有效发挥政策评估效能。另外，由于缺乏健全的评估机制，各部门的工作重心在编规划、出政策、批项目、下计划，对公共政策和重大项目后评估不够重视。

（三）公共政策评估人才

目前我国缺乏专业的政策评估人才，政策评估工作的“内行人”还比较缺乏，特别是具有多学科背景和复合型分析技术、并能用社会科学的话语进行研究写作的政策分析师。一些从事政策研究的专家学者大多是研究社会科学的，兼备自然科学和社会科学知识的比较少，知识结构和思维方式比较单一，政策评估时倾向于用价值判断代替事实分析，用定性分析取代定量研究，导致评估结论的科学性、严谨性不强。

（四）公共政策评价标准和评估方法

我国公共政策评估尚未形成一套科学、成熟、完善的方法体系，很大程度上制约政策评估的科学化程度和规范化水平。目前国内对公共政策评估的研究多数停留在政策评估的重要性和必要性、评估主体、评估方式、价值取向等，而对评价标准、评估方法却研究甚少。尽管在评估组织方式上提出了自评估、第三方评估相结合的方式，在评估方法上提出了定量评估、定性评估以及前后比较分析、成本效益分析等方法，但都只是“点到为止”，缺乏对评估工作的方式方法更深入、细致的指导。由于缺乏科学的公共政策评价标准和评价方法，难以保证公共政策评估结论的科学性、客观性和有效性，评估结论说法不一，甚至存在较大争议，难以为政策制定、执行、调整和终结提供有力支撑。

（五）公众参与公共政策评估

我国公众参与公共政策评估比较有限。我国有的政府部门对公共政策评估持谨慎态度，一些信息并未及时有效公开；有些领导把政策评估视为可有可无的事，即使进行政策评估，也缺乏鼓励公众参与的力度。然而人民群众对相关政策是有参与热情的，可以通过多种合理渠道对有关政策进行评议，表达意见建议，内容上至党和国家的大政方针，下至某个城市、街道、乡镇的环保、治安、交通、绿化、水电气等具体政策。

（六）公共政策评估学科和机构发展

我国目前公共政策评估学科的知识更新、积累比较滞后，很多已经得到检验的政策分析技术还未进入国内公共政策研究的“工具箱”和大学的教科书。对公共政策评估方法贡献比较大的，如经济学、数学、管理学、系统工程等领域，不同学科之间的交流和融合明显不足。专业化、独立性的公共政策评估机构目前相对较少。

（七）公共政策评估结果运用

我国在政策评估后普遍存在缺乏督促落实整改的问题，评估工作完成之后，理应根据评估结果，实行行政问责，提升行政绩效，或者对现有事项进行必要调整甚至暂停实施，对实施情况较差的部门、地区予以督促落实与整改，但由于不够重视或者缺乏制约手段，政策评估结果未能很好地运用，导致整改工作难以推进。

二、构建我国重大政策评估的重要意义

在我国构建双循环的新发展阶段，应构建我国重大政策评估体系，为提高政策科学性、准确性，快速适应国内外形势要求、推进全面深化发展改革意义重大。

（一）提高公共政策运行的科学性和准确性

任何一项政策在研究制定、组织实施一段时间以后，其运行质量和效果如何，都需要进行评估，以便对政策进行调整、完善或者终止。重大公共政策评估是政策过程的关键组成部分，牵连中国政策全局布置，其正确的制定、执行和完善具有重要意义，不仅能反映政府制定和执行公共政策的能力和效果，也决定和影响着政府的绩效。通过重大公共政策评估可以决定是否需要对政策进行调整、完善或终止，更好地配置政策资源，提高政策的科学性和准确性，实现政策运行和决策的科学化，提高政府正确履行职责的能力和水平。

（二）适应快速变化的国内外形势要求

我国改革进入“深水区”，在百年未有大变局背景下，我国重大政策执行将面临挑战。当前和今后一个时期，国内外形势错综复杂、充满变数，我国经济社会发展依然面临着一些风险和挑战，决策难度大。经济社会发展要求提高公共政策的针对性和有效性，提高公共政策的质量和执行效果。这就迫

切需要加强公共政策评估工作，尤其是对一些重大经济社会政策进行定期评估，并根据评估结果，及时调整政策方向，改善政策效率。

（三）推动全面深化改革的现实需要

当前我国改革已经进入攻坚阶段，需要破解诸如旧体制长期积累的各种弊端、突破陈旧观念障碍、化解公众信任危机，制定各方接受并具有可操作性的改革方案，客观上增加了进一步深化改革的政策制定与执行的难度。一方面需要提高政策制定的专业水平，强调内容科学合理，另一方面需要采用更加开放的政策制定过程，强调程序合法有效，客观上亟待引入第三方专业机构开展政策评估工作。

通过对重大政策客观分析，能够以系统化的方法吸收、反馈利益相关各方的意见，协助政府部门权衡各方利益诉求，加强沟通协调，例如“双控”政策下“拉闸限电”制度执行，通过事后评估论证，优化电煤配置和电网资源调动，增强政策方案的客观性，增强政策的可执行性，确保政策内容合法的同时，做到程序合法，确保政策方案能够获得大多数利益主体的接受、信任和支持。

三、构建我国重大政策评估体系的重要方向

政策评估是国家治理体系和治理能力现代化的重要内容。习近平总书记强调新时代新征程，我国发展面临新的战略机遇、新的战略任务、新的战略阶段、新的战略要求、新的战略环境，需要应对的风险和挑战、需要解决的矛盾和问题比以往更加错综复杂。正确的战略需要正确的策略来落实，需要健全决策机制，加强重大决策的调查研究、科学论证、风险评估，强化决策执行、评估、监督，特别是健全重大政策事前评估和事后评价制度。为此，应以习近平新时代中国特色社会主义思想为指导，对标对表，立足世情、国情，借鉴国际有益经验，着力推动构建中国特色重大政策评估体系。

（一）不断创新公共政策评估理念

习近平总书记指出，全党必须完整、准确、全面贯彻新发展理念。新发展理念是一个系统的理论体系，回答了关于发展的目的、动力、方式、路径

等一系列理论和实践问题，阐明了我们党关于发展的政治立场、价值导向、发展模式、发展道路等重大政治问题，全党必须完整、准确、全面贯彻新发展理念。公共政策评估应以新发展理念为引领，不断创新政策评估理念。

当前国内学界、实践部门充分认可公共政策评估的作用，但在实际评估工作中，评估部门可能存在沦为应付上级部门工作检查的临时机构倾向，不仅不能依法行使权力而且评估过程常受到严重的行政干扰，致使评估结果流于形式。以县域基础教育政策评估为例，县域基础教育政策评估功能价值的定位没有通过科学合理和可量化的评估目标来规范政策行为，没有把政策评估作为提高行政能力、规范政策行为和进行激励的有效措施。政府部门内开展的公共政策评估，一般由隶属政府的评估组织展开，自身独立性有待提高，会导致评估结果的公正性存疑。而由于许多政府部门在运行中的自闭性，非官方的第三方评估机构获取的信息有限，从而影响到评估结果的客观性和权威性。因此，打破中国政策评估发展的困境，理念革新是其核心，政府在评估理念上应正确看待评估的作用，完善信息公开制度，实现信息资源共享，以评估促进工作，以评估推动政策落实；同时认识到第三方评估的重要意义，研究出台系列扶持优惠政策，鼓励社会力量开展第三方评估。

（二）不断推动公共政策评估制度化法治化建设

习近平总书记强调，要发展全过程人民民主。我国全过程人民民主不仅有完整的制度程序，而且有完整的参与实践。尽管我国政策评估体系建设已取得丰硕的成果，评估价值取向更具有人文主义关怀，评估主体向多元化发展，评估标准和评估指标体系更加完善，但从我国目前已有的政策评估实践来看仍处于探索阶段，需要在推动公共政策评估中积极发展全过程人民民主，不断推动政策评估制度化法治化。

评估制度的不规范导致一些地方政府评估指标体系、评估程序缺乏科学性，评估结果并没有起到推动政府建设、政策改进的作用；同时由于缺乏一定的制度基础，尤其是法律法规的强力支撑，我国政府评估体系中要真正发挥公民参与、第三方评估的作用还存在一定的障碍。“政府主导、自上而下、上下呼应”的绩效评估模式特点突出，“民众为本”的价值并没有完全落实，价值选择的偏差也导致地方政府绩效评估理性选择存在偏差。从国外发达国家政策评估的实践来看，政策评估制度化建设是推动政策评估发展的重要保障，能促进政策评估体系的良性发展。我国政策评估制度化建设迫在眉睫，应当完善评估的制度化规范建设，保障信息公开透明。以法治手段保障公众评估主体地位，通过法律明确多元化的评估主体、价值取向，加强评估人员和组织的专业性，拓宽公共政策评估的参与渠道，建立健全评估结果落实跟踪机制、评估结果申诉反馈机制、评估结果应用公开机制。

（三）不断完善公共政策评估理论和实践方法

习近平总书记高度重视决策的科学性、实效性，特别是对经济规律的认识和把握，要求各级领导干部特别是高级干部要围绕经济社会发展重大问题加强学习和调研，提高把握和运用市场经济规律、自然规律、社会发展规律的能力。理论和实践方法是公共政策评估的基础。只有对国家重大公共政策，特别是经济政策的规律深入研究，遵循经济规律的科学发展、自然规律的可持续发展、社会规律的包容性发展，不断完善政策评估理论和实践方法，才能探索构建中国特色的公共政策评估理论体系。

从理论上讲，公共政策评估方法有指导政策评估的方法论和政策评估的技术两层含义。一是指导政策评估的方法论。目前主导国内政策评估的方法论仍存在实证主义与后实证主义之争。实证主义方法论强调以数据和事实来评价政策效果，后实证主义则强调利益相关者的参与。由此可见，实证主义评估方式在中国还有广袤的发展空间，后实证主义倡导的评估方式仍需“制度土壤”和“本土模式”。二是指政策评估的技术基础，即通过不断完善的技术条件为政策评估提供的技术支撑。随着公共政策干涉的范围越来越大，政策评估的复杂性也随着上升，大数据具有复杂性、决策性、高增长性、价值性和可重复开发性等特点，是一种具有多种潜在价值的信息资源，正越来越广泛地成为政策评估的技术手段。国内学界研究表明，大数据可以提供基于证据和前瞻式的政策制定，促进政策制定中的公众参与，提高政策制定的效率。但政府在利用大数据方面仍存在缺乏数据思维、数据开放与数据共享不足、数据安全与隐私保护薄弱等问题。应加强大数据技术在评估工作中的运用，完善信息技术支撑系统，利用好信息化手段、大数据分析方法开展评估工作，进一步提升评估工作的科学性。

“十四五”规划纲要强调要加强规划实施监测评估，提出健全宏观经济政策评估评价制度。整个公共政策评估过程中，涉及选择评估维度、评估依据、评估方法、评估模型等诸多问题。评估的核心原则是将宏观理论与我国国情有效结合起来，并且在评价过程中不断完善评价理论与方法。唯有将国内政策评估研究与我国政策评估的实际发展情况紧密联系起来，才能形成理论与实践的良好互动模式。综上，从理念革新、制度建设、方法学习三个层面入手，借鉴国际有益经验，探索政策评估的本土化将会成为未来大趋势。

第五章 | 我国重大政策评估体系构建

第一节 制定重大政策评估框架

一、公共政策评估体系的核心问题

构建我国重大政策评估体系应系统思考在政策评估体系框架下，需要明晰政策评估的“为何评”“谁来评”“评什么”“如何评”等核心问题。

（一）为何评

“为何评”是指政策评估的目的和意义。政策是一个涵盖面广、对象多、层级多的复杂系统。从政策生命周期来看，其过程主要包括研究、制定、实施、监督、修订等一系列环节，评估是政策制定和实施链条上必不可少的重要环节，也是贯穿整个生命周期的一条重要主线，如图 5–1 所示。政策评估包括政策前期评估、过程评估、总结评估及后评估，通过政策评估可以增强和保证政策的科学性、有效性。

一方面，增强政策的科学性和合理性。政策评估是保障政策实施顺利推进的重要机制，是政策生命周期中的一个关键环节，是分析现状、总结经验、诊断问题的有效手段。政策评估，可以保证政策的科学性和合理性，降低政策实施的不良效果。

另一方面，提高政策的时效性和适用性。密切关注政策科学性和实施过程走向，动态监控政策实施情况，衡量政策的实施效果，及时发现偏差并进行修正和调整，对政策进一步完善，对后续实施进行优化调整。此外，政策制定是基于对未来的预期和判断，但现实中经济社会的未来发展和走向并不一定符合预期判断。有必要通过政策评估建立工作督导和纠偏机制，避免继续执行原有的政策对经济和社会造成负面效应。

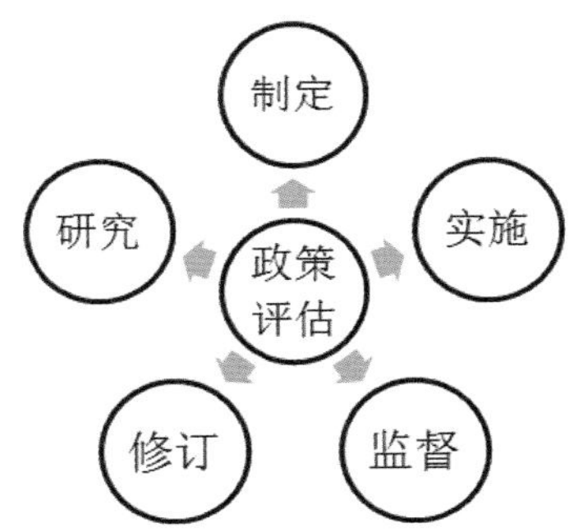

图5-1　评估在政策生命周期中的地位

（二）谁来评

“谁来评”是指政策评估主体。政策评估主体是多元的，主要包括组织内部评估主体和来自外部的评估主体。政策评估多元主体运作的影响因素有行政的信任程度、评估者的独立自主性与客观性、评估者对方案的了解情况、政策评估的效率和效益、评估成果的潜在实用性等。

政策评估主体选择时，应当基于利益相关、多元化、独立性、专业化、公开公平和代表性等原则，选择内外结合、多元化的政策评估主体。

（三）评什么

“评什么”是指政策评估对象。政策评估既包含政策实施的效果，也包含对管理主体行为策略、相关利益者接受能力以及它们产生的直接或间接的政治、经济、社会效益的分析。政策评估对象比较广泛，政策评估范围涵盖政治、经济、文化、社会、生态等各个方面，包括不同层级、不同阶段、不同内容。按不同标准可划分为不同类型。

按政策领域划分，与政策领域相对应，涉及调节经济关系、社会关系、人与自然关系的公共政策，具体可以划分为财政政策评估、税收政策评估、金融政策评估、产业政策评估、投资政策评估、社会政策评估、公共管制政策评估等类型。

按行政体制划分，可以分为国家层面、地方层面和部门层面政策评估等类型。按照政府层级不同，可以分为国家级、省级、市县级评估体制。党中央和国务院及其部委制定的，对经济社会发展具有重大影响作用的各类意见、方案、规范和指引性文件，均属于政策。

按评估周期不同划分，政策评估主要包括前期评估、中期评估和后期评估三种基本类型。按评估介入的时间段或评估周期不同，可以分为政策前期评估、年度监测评估、中期评估、特定阶段评估和后期总结评估等类型，贯穿于公共政策整个运行期间。

按评估内容划分，政策评估可分为政策实施环境变化评估、主要战略任务和重大工程项目实施评估、主要目标指标实施评估、特定领域或重大事项评估、政策实施效果评估、政策适用性评估等类型。

（四）如何评

“如何评”是指政策评估的过程及方法。科学的政策评估需要采用多种方法，通过一定程序开展评估准备、实施和总结三个阶段的工作。

政策评估程序要确保具备一定的合理性、全面性和可操作性，主要包括如何确定政策实施评估的对象、目的、标准和手段，如何选择和运用何种评估方法对政策实施效果进行评价和判断，评估成果反馈及如何利用评估成果提出建议和措施等方面。包括的基本程序要素是明确评估目标并熟悉评估对象，分析评估对象的特征要素，确定评估指标体系，制定评估结构和评估准则，确定评估方法等。政策评估方法是一项重要因素。政策实施效果评价关键在于考察政策实施成果与政策方案之间的关系，分析政策实施效果和政策产生的经济社会效应。在方法选择上，应当综合评估与专项评估相结合，定性分析与定量分析相结合。

准备阶段的主要任务是确定评估对象、制定评估方案、准备评估条件。制定评估方案是这个阶段的主要任务，具体包括：制定发布公共政策评估办法，构建科学规范有效的考核指标体系。指标构成、权重和考核方法相对稳定，增强横向可比性和年度的纵向可比性。区别设定逐层分解的指标目标值，合理反映客观实际差异。科学设置单项指标权重，可用分层加权法、德尔菲法和经验法确定，约束性指标以及综合性强的指标要赋予较高权重。根据政策主要目标和任务工作分工的有关情况，确定各个单项指标的负责部门及人员，由其研究制定单项指标考核的具体方法和标准，明确指标年度和逐级分解的目标值，并与其他相关政策、规划做好衔接，在指标量值上保持一致。完善统计体系，保证数据质量，防止被评价主体相互攀比、弄虚作假等行为发生。

实施阶段的主要任务是利用各种调查手段，全面收集政策过程各个阶段、各个环节的信息，收集各方面对政策的反映和意见，并在此基础上进行系统的分析和整理，运用适当的分析方法，对政策做出评估。这个阶段的评估工作，应及时统计汇总单项指标年度数据，计算各考核对象单项指标分值，形成单项指标的初步考核成果。牵头评估部门会同统计部门对初步考核成果进行审核，在此基础上加权汇总形成考核总分值，并对被评价主体进行排序或划分档次，形成总的考核报告。

总结阶段的主要任务是处理评估成果，撰写评估报告，并通过合法手段，向委托人传达评估结论，将评估结果进行运用，并视情宣传，将考核成果以适当方式向社会公布。一方面要加强考核成果应用，将公共政策实施情况纳入各级党政领导班子和领导干部政绩考核中，将部门实施政策的执行情况纳入部门领导班子和领导干部的绩效考核中。另一方面，可以将政策实施绩效考核与中央地方巡视组的工作结合，作为全面评估地方工作的重要组成部分。

政策评估体系是针对政策所构建的一套评估系统。政策评估体系是在明晰上述核心问题后所构建的一套系统性政策评估分析框架，即从政策制定或实施机制角度出发进行评估，探究政策实施所产生的作用，同时也要关注政策内在的执行管理过程以及这个过程是否发生偏差的原因，如图 5–2 所示。

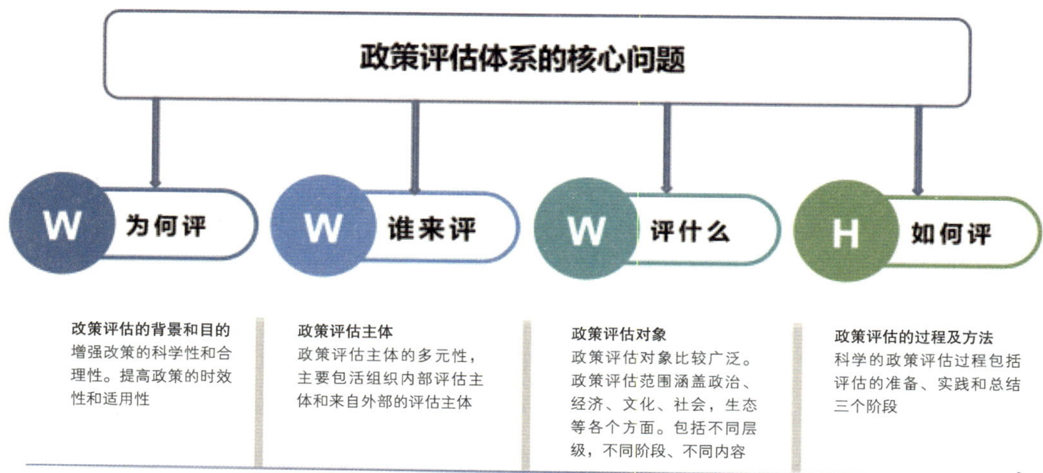

图5–2　政策评估体系图

二、我国重大政策评估体系

我国重大政策评估的范围界定是回答“评什么”和“谁来评”的问题，重大政策评估的核心是从政策实施机制角度出发来进行评估，探究重大政策实施所产生的作用，同时也要关注政策内在的行政管理过程以及这个过程是否发生偏差及原因。

（一）我国重大政策评估对象

重大政策评估对象比较广泛，政策评估范围涵盖政治、经济、文化、社会、生态等各个方面，包括不同层级、不同阶段、不同内容。我国重大政策评估对象首先需要对“重大”进行界定，然后再按照公共政策不同类型的划分进行范围界定。

从政策制定主体来看，“重大”一般指党中央和国务院及其部委制定的，对经济社会发展全局具有重大影响作用的各类意见、方案、规范和指引性文件，均属于重大公共政策。具体类型包括：中共中央、国务院印发的重大政策；根据党中央、国务院部署，国家发展改革委或其他部委牵头推进实施的重大政策和重要工作事项；以国家发展改革委名义或国家发展改革委牵头，联合相关部委印发的，对经济社会发展全局有重要影响的重大政策。从政策影响范围来看，“重大”是指关乎国家经济、政治、社会、环境、文化等领域，影响极其巨大，需要两个以上省份进行协调的政策。具体类型包括财政政策评估、税收政策评估、金融政策评估、产业政策评估、投资政策评估、社会政策评估、公共管制政策评估等，政策实施环境变化评估、主要战略任务和重大工程项目实施评估、主要目标指标实施评估、特定领域或重大事项评估、政策实施效果评估、政策适用性评估等类型。重大事项评估主要是政府职责完成情况。重大工程项目评估主要是针对政策中所提出的重大工程项目，从时间进度、投资进度、产生效果等方面对其进行评估。关键指标评估相对最简单，最常见的方法是目标一致法，适用于有具体目标测度值的领域评估。战略性内容评估是结果评估的难点。

（二）我国重大政策评估主体

重大公共政策的公共性、民主性和公正性必然要求其评估主体的多元性，公共组织内部评估主体和来自外部的评估主体构成公共政策评估主体的多元结构。我国重大政策评估多元主体运作的影响因素有行政的信任程度、评估者的独立自主性、客观性、评估者对方案的了解状况、政策评估的效率和效益、评估结果的潜在实用性等。

我国重大政策评估主体选择时，应当基于利益相关、多元化、独立性、专业化、公开公平和代表性等原则，选择内外结合、多元化的公共政策评估主体。

（三）我国重大政策评估过程

从公共政策评估的理论层面讲，公共政策评估过程通常包括技术阶段、描述性阶段、判断阶段和价值多元阶段等四个阶段。技术阶段是用客观的标准和严谨的方法论来评估政策在技术层面的完成度；描述性阶段是以第一阶段得到的经验结果为基础，描述政策的完成度；判断阶段是基于上述两阶段的结果来判断公共政策是否实现既定的政策目标；价值多元则需要考察众多利益相关者的利益诉求和公共政策的伦理价值等，如表 5–1 所示。

表 5-1 理论层面重大政策评估阶段

<table>
<tr><th>时序</th><th>政策评估阶段</th><th>主要任务</th><th>方法导向</th><th>基本特征</th></tr>
<tr><td rowspan="4">↓</td><td>技术阶段</td><td>客观分析政策是否达到预设的技术目标</td><td rowspan="2">实证研究方法，主要是准实验研究(quasi-experiments)</td><td rowspan="3">价值中立、客观严谨</td></tr>
<tr><td>描述阶段</td><td>根据预设政策目标来描述公共政策的成绩和问题</td></tr>
<tr><td>判断阶段</td><td>对政策目标是否达成的总体判断</td><td>比照政策目标和前两阶段的分析</td></tr>
<tr><td>价值多元阶段</td><td>考虑多元群体的利益诉求，分析政治因素等</td><td>价值多元主义</td><td>价值导向，不寻求绝对中立</td></tr>
</table>

从公共政策的实践层面讲，科学的重大公共政策过程包括政策评估准备、政策评估实施和政策评估总结三阶段。政策评估准备的主要任务是确定评估对象、制定评估方案、准备评估条件；政策评估实施的主要任务是综合运用各种调查方法，全面收集信息数据及各方意见建议，并在此基础上进行系统的分析和整理，运用适当的分析方法，对政策做出评估；政策评估总结的主要任务是处理评估结果，撰写、提交评估报告，适时运用评估结果，以适当方式向社会公布。

（四）我国重大政策评估程序和标准

我国重大政策评估程序要确保具备一定的合理性、全面性和可操作性，主要包括如何确定政策实施评估的对象、目的、标准和手段，如何选择和运用何种评估方法对政策实施效果进行评价和判断，评估结果反馈及如何利用评估结果提出建议和措施等方面。具体包括明确评估目标，熟悉评估对象；分析评估对象的特征要素；确定评估指标体系；制定评估结构和评估准则；确定评估方法；开展单项评估和综合评估等。在开展政策评估过程中要对整个评估工作进行系统化管理。

公共政策评估标准是指依据政策目标设立的、可供比较的指标或准则，是测量政策合理性、科学性的依据，是开展公共政策评估的前提和逻辑起点。我国重大政策评估标准既要考虑价值标准，也要考虑事实标准，价值判断必须以事实判断为基础。价值标准和事实标准应贯穿于重大政策评估的全过程，包括政策评估方案制定、政策评估方案的执行、政策评估方式方法的选择等重要环节，以保证高质量完成政策评估。

第二节　设计重大政策评估问题

针对重大政策设计科学合理的评估问题，对构建我国重大政策评估体系具有重要意义。政策评估问题是贯穿重大政策评估全流程的主线，在指明政策评估方向、收集基础信息、排查潜在问题、衡量政策执行效果、追踪改进政策以及经验教训总结等多方面发挥着重要作用。

一、重大政策评估问题的类型

重大政策评估问题通常分为原因结果型问题设计、描述型问题设计和比较型问题设计三种。设计评估问题一般原则是根据评估环节选择对应问题类型。首先将政策从制定到实施过程，细化为输入、运作、产出、短期影响、间接影响、长期影响六个环节。在运作和产出环节，需要以获得反馈和改进为目的设计问题，应选择以描述型问题和比较型问题为主。对政策实施结束后产生的短期、间接和长期影响三个环节，需要以评价项目效果、执行情况等考评为目的设计问题，应以比较型问题和原因结果问题为主。

表 5–2　三类常用政策评估问题设计对比

问题类型	定义	应用场景	主要意义	注意事项
描述型问题	对政策制定过程中存在的客观情况如实地描述和反映，以便从中找出各种因素的内在联系	可用于评估全环节，对评估政策基本信息和执行情况的采集、对各方意见和观点的采集等	为后续深入调查评估提供支持	1. 尽量不要在问题中存在暗示或预设观点，充分发挥答题人主观能动性 2. 问题应尽量简洁、语义清晰

续表

问题类型	定义	应用场景	主要意义	注意事项
比较型问题	将当前情况与一个参考基准进行比较，而获得信息的一种问题	一般用于事中或事后评估。在政策执行过程中，将当前情况与计划情况进行对比	对政策的执行情况进行及时的监测和修正等，使政策能够达到预期	1. 需要根据政策构建合理的指标体系或选择合理的参考对象 2. 尽可能地量化所有指标
原因结果型问题	通过衡量因项目干预而发生的变化，评估政策产生了什么样的影响	一般用于事后评估。在政策落地期间，收集政策的影响，分析政策与这些结果的关系	旨在检验政策有没有效果以及到底有多少效果。是判断政策成功与否的关键	注重因果关系链，设计问题时尽可能考虑单一变量因素

（一）描述型问题设计

描述型问题是对政策制定过程中存在的客观情况如实地描述和反映，从中找出各种因素的内在联系，即回答“是什么”的问题。描述型问题的目的在于“明确自身”，是评估问题的基础，是获取前置信息的关键。描述型问题一般用于收集一些基本信息，比如“是谁”“在哪”“如何做”等；也可被用于收集各方意见，比如“怎么看待”“何种程度”等。在政策评估中，描述型问题是最常被使用的问题类型。

下文以一项对就业市场培训中学生的政策评估为例，该政策旨在确保在中学阶段能教授学生在当地就业所需的知识和技能，以使毕业生能获得足够高薪的技术工作。评估者设计以下描述型评估问题：

1. 本中学如何为学生在当地市场就业而做准备？

2. 相比于辍学的人，毕业生的工资是否更高？

3. 本中学为提高学生就业率，设置了哪些针对性课程？

可以看出，描述型问题重在对政策如何制定、如何发挥作用进行评估，目的是充分了解该政策的基本情况和运作机制机理。

（二）比较型问题设计

比较型问题是将当前情况与一个参考基准进行比较，从而获得信息的一种问题。比较型问题通常用于对政策的评判。在政策实施中，将原有计划与现状进行对比是一种常用的比较型问题设计。在设计问题时，需要参考项目或政策的计划表、指标或者其他相似的项目，将项目的成果和所选择的参考基准进行对比。在政策制定的不同阶段，设计比较型问题时选择的对比对象也应不同。在政策制定阶段，由于未形成实质性成果，比较型问题主要用于将当前政策与其他相似或接近的政策进行对比，以其他已经出台的政策或试点政策的情况为参考，评估当前政策的合理性以及实施后可能产生的影响。在政策的实施阶段则需要将政策制定目的与政策实施后产生的变化进行对比，评估政策是否达到预期效果。需要注意的是，重大政策在制定前需要先设定一个可以量化的指标，制定一套权威的指标体系对政策评估有着非常重大的意义。当政策评估缺少具体指标时，比较型问题将无法设计。

下文以一个对非洲的援助项目为例，该项目的目标是提高该地区儿童的阅读成绩，提高该地区居民对艾滋病的认识和普及预防知识，增加该地区微型企业的数量并提升企业利润。首先，通过与当地行政官员合作以及咨询专家团队，评估者将这项目目标进行拆分细化，分成一系列量化的、定义清晰的子目标，然后根据指标设计如下比较型问题：

1. 我们的花费是否达到了预算？
2. 我们是否实现了每年录取 5000 名学生的目标？
3. 我们是否按要求为当地 80% 以上的儿童接种了疫苗？
4. 我们是否实现了清理出 100000 公顷用于生产的土地目标？
5. 选择受援助企业的过程是否公平公正？

可以看出，通过将项目当前情况与经过细分、量化后的指标进行比较衡量，能直接反映出项目的执行程度和执行效果。

（三）原因结果型问题设计

原因结果型问题旨在于通过衡量因项目干预而发生的变化，评估政策产生了什么样的影响。原因结果型问题被用于了解政策实施后产生的各类影响，包括短期、间接和长期影响等。设计原因结果型问题的关键点在于，评估人员要充分考虑事件链的因果关系，确保结果是由于干预产生的，而不受或者很少受其他因素的影响。在评估问题设计中，原因结果型问题往往较少被用到，有时一些原因结果问题也可被设计为描述性或比较型问题，它们之间的界定在某些情况下并非十分明确。

下文仍以上述对非洲的援助项目为例，政策的一个目标是确保所有当地儿童得到预防性保健，降低婴幼儿的死亡率。针对该政策目标，可设计原因结果型问题为：

1. 当地儿童死亡率是否因为该计划而显著降低？

2. 由于该计划，当地婴幼儿患麻疹的病例是否显著减少？

可以看出，原因结果型问题重在评估政策产生的影响，是对政策短期、中期和长期影响效果的评估。

二、重大政策评估问题的选定方法

在实施评估前，评估者需要明确如何科学地产生并筛选合适评估问题。发散收敛法是一种常用的方法，它将评估者确定和选择评估问题分为两个阶段——发散阶段和收敛阶段。

在发散阶段，评估者制定一份潜在重要问题和关键点的综合清单，尽可能多地列出问题。在这一阶段，设计问题的评估者对项目的背景进行充分调查，通过非正式谈话和文件等收集信息，进行合理的分析和判断，该过程以定性为主。在这一过程中，将产生的各类问题记录为清单，直到不再产生新的问题，然后将这些问题进行组织整理。该过程关键在于避免遗漏任何问题，充分考虑评估所需要的各种问题，问题越多、越全面，则评估越准确。

在收敛阶段，评估者需要对发散阶段产生的问题清单进行筛选，对一些不合理问题进行删减。在这个过程中，设计问题需要考虑以下五点：一是评估问题的使用方是谁，根据使用方的需求制定合理的问卷。二是该问题本身的价值在哪，明确问题的价值所在。三是该问题对所评估政策的重要性。四是该问题与其他问题存在何种联系，是递进关系还是因果关系等。五是考虑获得该问题需要多少资源，以尽可能地减少评估花费。在充分考虑上述五点后，对清单中问题进行精简和整理，形成最终的问题清单。

三、从设计评估问题到设计政策评估方案的流程

政策评估一般分为事前、事中、事后三个阶段。事前评估主要指对政策环境与政策方案的评估；事中评估是对政策执行过程的评估；事后评估则是对政策实施效果的评估。规范类、指引类重大政策评估一般属于事中或事后评估，而多数意见类、方案类重大政策评估则属于事前评估范畴。评估者需要根据评估政策的类型，选择合适的评估阶段。图 5-3 所示为一个标准的政策评估方案设计流程。

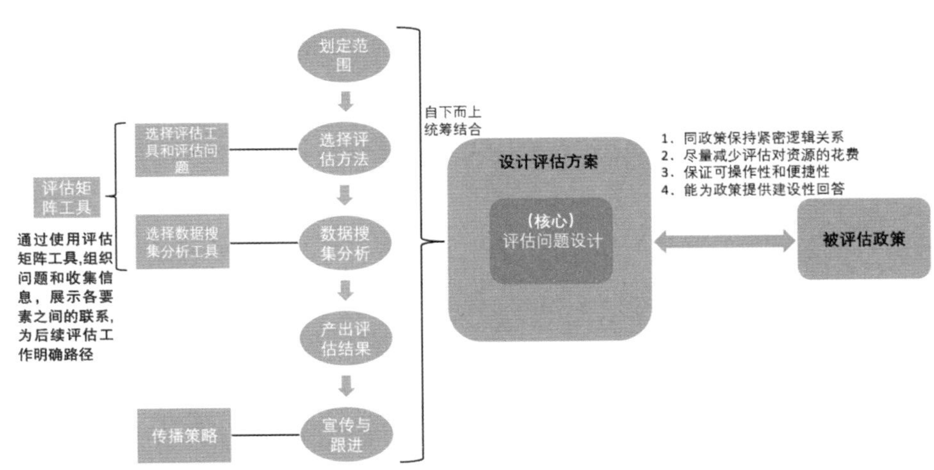

图5-3　从设计评估问题到设计政策评估方案的流程图

（一）设计问题

设计评估问题是政策评估开始的第一步。评估人员需要根据现有资料确定该政策所要解决的主要问题，一切评估问题都应围绕主要问题进行。在确定主要问题后，评估者设计评估问题的核心逻辑在于展示该政策是如何解决这些主要问题的。然后对问题进行细化分解，通过发散收敛法收集和筛选问题。在设计问题时，需要注意以下五点：一是评估问题需要根据所要评估的政策来设计，政策和问题之间需要有明确的逻辑关系。二是充分使用开放式

问题，为政策制定提供思路或参考。三是确保评估问题能被有效回答，而不是一个难以得到的答案。四是把握关键，即设计问题要精炼，一针见血地体现政策要解决的关键问题。五是要充分考虑评估所用时间和消耗的资源，尽可能减少对政策制定本身的不利影响，节约评估资源。

下文以一个旨在降低婴儿死亡率的计划评估为例。首先，根据计划提出核心问题，部分问题如下：

1. 导致婴儿死亡的原因有哪些？

2. 该计划的实施程序存在哪些矛盾？

3. 帮助提高当地母亲收入的方法能产生多大效果？

4. 使用营养补充剂会产生哪些意料之外的影响？

在确定核心问题后，评估者在此基础上提出参考评估问题，设计如下：

1. 该计划使用了哪些外展服务方法？

2. 哪些方法取得的效果最好？

3. 在项目实施期间，危及婴儿生命的疾病发生率是多少？

4. 婴儿死亡率下降了多少？

5. 还有哪些改善孕妇健康的努力正在进行？

其中，特别需要避免一个提问中包含两个或多个问题的情况，例如“有多少女性接受了健康检查和营养补充剂”，最好分为“有多少女性接受了健康检查”和“有多少女性接受了营养补充剂”两个问题。

（二）政策评估方案设计

问题设计属于评估方案设计的一部分，也是最关键的部分。评估方案设计是对一整套评估工具的选择、设计和组合应用，具体包括评估问题的设计、评估方法的选择、具体化的评估问题及子问题、收集数据的来源和方法、数据分析方法和传播策略六项主要内容。通过系统思考，需要自下而上设计评估方案，充分考虑统筹协调各项要素之间的关系，形成以问题为导向的政策评估设计方案。

政策评估方案一般分为两种设计类型。一类是概念型问题设计方案，其核心在于了解受政策影响，各方看待评估问题的视角。另一类为技术型问题设计方案，即使用何种方式收集、分析数据，如何科学拆分和描述评估问题等，这类问题设计通常有固定的方法论。

政策评估方案被分为五个阶段进行设计。第一阶段是确定评估范围，即明确评估的性质、目的、咨询对象等，划定一个有限的评估范围。第二阶段是设计评估，在对范围和背景充分了解后，明确评估所使用的方法，确定要使用的评估工具，最终形成一个完整的评估设计矩阵，反应评估发现的问题和内在关系。第三阶段是实施评估方案，即完成数据搜集、分析的工作。第四阶段是汇报评估结果，与所有参与评估人员交换信息，讨论，审查并纠正错误。第五阶段为传播和跟进评估结果，推动评估结果发挥其作用，指导政策调整。

在政策评估方案设计过程中，可以使用评估矩阵工具。评估矩阵是把开发行为和受影响的环境特征或条件组成一个矩阵，在开发行为和环境影响之间建立起直接的因果关系，定量或半定量地说明建设项目对环境的影响的方法，是政策评估中常用的评估工具。评估设计矩阵可以组织问题和收集信息以作为解决问题的工具，也能展示评估过程中评估问题、评估对象与使用的方法技术等多要素之间的复杂性联系，并且可以根据一组定义的标准对各个要素进行评级，供评估者进行量化的评估和统筹性的决策参考。

第三节　收集分析政策评估数据

重大政策实施效果评价关键在于考察政策实施结果与政策方案之间的关系，分析政策实施效果和政策产生的经济社会效应。在方法选择上，应当采用综合评估与专项评估相结合，着重研究收集数据和分析数据方法，运用定性分析与定量分析相结合方法，保证科学合理地分析政策实施效果。

一、确定评估样本

从每个数据源收集数据通常是不可能或不切实际的。抽样调查法是确定评估样本的通常方法。抽样调查法不适用于大型定量研究，随机选择样本可以避免偏差。样本类型包括随机样本和非随机样本，样本大小是需研究的总体大小、所需的置信水平和所需的精度水平的函数，并需要确定估算精确度。

（一）抽样调查法

一旦评估人员决定从特定人群（人、诊所、学校或其他单位）收集数据，他们需要决定是从所有感兴趣的单位还是从这些单位的一个子集收集数据。从所有单位收集的数据称为普查，比如人口普查。从所有单元的一个子集收集的数据称为样本。如果人口少且数据收集成本低，一般首选普查。当人口多或数据收集成本高时，通常需要收集样本数据。

（二）随机抽样和非随机抽样

抽样调查可分为随机抽样和非随机抽样。随机样本是群体中每个单元被选中的机会均等的样本，比如彩票。非随机抽样检查总体的一个子集，然后将结果推广到更大的总体。

随机样本可以分为六种类型，即简单随机样本、随机区间样本、随机开始和固定间隔样本、分层随机样本、随机聚类样本、多阶段随机样本。简单随机样本是最常见、最简单的随机样本类型。当主要目标是对整个种群而不是特定的亚种群进行推断时使用它。随机间隔样本是使用随机确定的数字之间的距离选择的样本。随机间隔、随机开始和固定间隔样本随机间隔采样，可用于当存在尚未枚举且难以枚举或耗时的序列总体时。分层随机样本通常在样本中包含使用简单随机样本可能无法很好代表的特定群体。为确保对此类群体进行抽样，评估人员可以根据某些有意义的特征（例如性别、年龄、种族或其他特征和样本）将总体划分为多个层。随机聚类样本是从自然发生的分析单元簇中抽取的样本，对集群进行随机采样并收集所有目标单元的数据。多阶段随机抽样结合了两种或多种形式的随机抽样。该过程通常从随机整群抽样开始，然后应用简单随机抽样或分层随机抽样。

专栏 13　采用整群抽样艾滋病辨认人采访

一个评估小组试图采访生活在一个地区的大约 200 名艾滋病患者。该地区没有艾滋病患者名单，尝试创建这样的列表将非常昂贵，而且获取它的过程可能会引发一些道德和保密问题。然而，该地区有 25 家健康诊所，评估人员知道每个诊所大约为 50 名艾滋病患者提供服务。因此，他们决定对诊所进行随机抽样，他们随机抽取了 25 个诊所中的 4 个，并研究了这些诊所中的所有艾滋病患者，产生了大约 200 名患者的样本。

非随机抽样通常分为有目的的、滚雪球的和方便的三种类型。有目的的样本是从分布的中间范围抽取。在有目的的样本（也称为判断样本）中，进行选择以满足研究的特定目的。选择基于预先确定的标准，根据评估人员的判断，这些标准将提供所需的数据。雪球样本，又称链推荐样本，在评估者不知道样本中包含谁或包含哪些内容时使用。当总体边界未知且没有抽样框时使用，经常用于访谈方式开展调查，使用这种抽样方法，评估人员会询问符合研究标准的人，及将与他们交谈的人也纳入样本中。方便样品是以方便评价者为基础选择的样本。

随机抽样的优点在于消除选择偏差或因收集数据的方式而导致的数据失真情况。非随机抽样既有优点，也有相应缺点。比如，政策制定者有时认为它们不如随机样本可信，由于不符合推论统计的假设，统计显著性的检验和置信区间的计算不应该应用于非随机样本，可能会受到所有类型的偏差。为此，可以组合使用随机抽样和非随机抽样方法。比如，收集学校数据的评估小组，可能会从最贫困的社区中选择两所学校，从最富裕的社区中选择两所学校，然后可能从这四所学校中随机选择学生作为样本。

（三）确定样本大小

即使使用随机样本，也存在一定的误差可能性；样本可能与总体不同。统计数据用于估计样本结果代表总体的概率。统计学家已经开发出理论和公式来进行这些估计并确定适当的样本量。在选择样本量时，评估者应对样本结果准确反映整体相关人群有信心，置信水平是 95% 以上。95% 的置信水平意味着 100 次中将有 95 次样本结果准确地反映总体情况。如果评估人员只有 90% 置信水平，可能使用较小的样本。如果评估人员想获得 99% 置信水平，将需要更大样本。

选择样本量后，评估人员接下来需要确定他们需要估算的精确度。与偏差不同，可以计算抽样误差。它是所有可能样本的所有估计值与对总人口进行研究后获得的值之间的平均差异，称为抽样误差或误差幅度。比如，一项民意调查可能会报告说，48% 的人赞成加税，52% 的人反对加税，抽样误差为 +/–3 个百分点。这意味着如果对人口中的每个人进行调查，实际比例将是 45—51%（48+/–3）赞成和 49—55%（52+/–3）反对提高税收。±3 个百分点称为置信区间，而不是置信水平。两个区间部分重叠，如果在 95% 的置信度水平下，人们无法确定反对增税的人多于赞成增税的人。样本的结果太接近了，无法判断。

样本大小是感兴趣的总体大小、所需的置信水平和所需的精度水平的函数。可以通过两种方式确定适当的样本量。一种是使用公式。另一种方法是使用一个表格来显示给定置信水平所需的样本量，如表 5–3 所示。总体越小，样本相对于总体的规模就越大。比如，如果人口为 300，则需要 169 的样本量（刚好超过总人口的一半）才能获得 95% 的置信水平。900 人的总体需要 269 人的样本量——不到总体的三分之一。如果人口超过 100,000 人，需要 385 人（仅占总人口的 0.385%）的样本。

表 5–3 最小样本量在 95% 的置信度

误差幅度（百分比）	置信度 99%	误差幅度（百分比）	置信度 90%
人口规模	样本量	人口规模	样本量
10	10	550	226
20	19	600	234
40	36	700	248
50	44	800	260
75	63	900	269
100	80	1,000	278
150	108	1,200	291
200	132	1,300	297
250	152	1,500	306
300	169	3,000	341
350	184	6,000	361

续表

误差幅度（百分比）	置信度 99%	误差幅度（百分比）	置信度 90%
人口规模	样本量	人口规模	样本量
400	196	9，000	368
450	207	50，000	381
500	217	100，000+	385

二、收集评估数据

数据来源途径很多，比如，现有记录数据、调查数据、访谈数据、专家研究数据等。收据数据的方法很多，方法的选择取决于明确收集数据的目标、地理位置、可用资源及时间、数据收集复杂程度等因素。这意味着，收集方法既要取决于收集什么评估问题，也要取决于对政策效果实施情况的理解程度，还要取决于时间成本和资源成本。

（一）收集数据规则

为了确定收集数据的类型，评估人员首先需要确定评估目标。比如，评估目标是要了解全国学校状况，还是要了解最贫困城市地区的情况。如果两个目标都很重要，由于资源的有限性，需要确定数据收集类型的优先级，并遵守相应规则，如表 5-4。

表 5-4　收集数据规则

评估人员在收集数据时应遵循以下规则： ·尽可能使用多种数据收集方法。 ·尽可能使用可用数据（这样做比生成新数据更快、更便宜且更容易）。 ·如果使用可用数据，找出早期评估者如何收集数据、定义变量并确保数据的准确性。检查缺失数据的程度。 ·如果必须收集原始数据，则建立程序并遵循协议；保持定义和编码的准确记录；预测试；并验证编码和数据输入的准确性。

数据收集方法包括结构化方法和半结构化方法。结构化数据收集方法指以完全相同的方式收集所有数据。半结构化数据收集方法不是每次都以相同

的方式收集。比如，半结构化面试通常基于一组预先确定的广泛问题，但提出这些问题的顺序可能取决于具体情况。半结构化方法比结构化方法更加开放，通常采用定性方式进行，允许受访者以自己的方式回答相应问题。

专栏 14　以结构化和半结构化方法评估农业政策

为了评估农业项目是否有效，评估人员决定使用土壤的水分含量作为衡量土地排水是否成功的指标。他们计划在相同的时间段内（并在相同的天气条件下）从该地区的多个地点收集排水前后的水分含量测量值。

为评估农业项目对农民的影响情况，评估人员使用结构化访谈，向受影响的农民询问他们对项目影响的看法。根据访谈，报告各种观点的受访者的百分比（此类列表结果称为频率计数）。结构化面试的问题应该重点突出，措辞准确，并应提供一组多项选择答案。所有受访者都应该以完全相同的方式被问到相同的问题，并要求他们从完全相同的一组回答中进行选择。

此外，评估人员计划使用在干预之前和干预之后，排水区域和土地未排水区域的类似区域随时间推移的作物产量和价格记录。他们询问 2，600 名参与者中的 100 名样本，询问他们对项目及其影响的看法。对于这些采访，评估人员计划使用半结构化问题来指导采访并打算根据需要探索响应以了解观点。

（二）定性数据和定量数据

数据分为定性数据和定量数据。定量数据是数字形式的数据。定性数据是非数值形式的数据。定量数据是可以精确测量的数据，比如有关年龄、成本、长度、高度、面积、体积、速度、时间和温度的数据。定性数据是描述性的数据，不一定能精确测量，比如关系与行为的数据。定量方法更有条理、更可靠、更难开发、更容易分析，定性方法结构性较差、更容易开发、需要更多时间资源来收集和分析数据。

在实践中，收集数据通常采用定量和定性相结合的方法，由于所有定量数据都是基于定性判断，所有定性数据都可以用数字来描述和操作。以小额贷款项目的评估数据为例，该项目的定量数据包括按性别、年龄和儿童数量划分的参与者人数、收入、产品库存、产品成本、销售数量等。该项目的定性数据包括对产品的描述、家庭关系、参与者的行为、与社区的关系等。为调查小额贷款项目的实施效果，需要分别收集上述定量数据和定性数据，并进行综合性分析。

（三）筛选有效数据

在筛选有效数据之前，评估人员应考虑四个关键问题，即相关性、可信性、有效性、可靠性。相关性是指所测量的事物的重要性。评估者应该避免测量容易测量的而不是需要测量的。他们还应该避免尝试测量太多。设计矩阵是确保收集的数据具有相关性的工具。可信性是指收集到的数据对评估报告的目标受众的可信度。比如，教师的意见可能不被视为了解为什么辍学率高的最可靠的衡量标准。辍学者自己或他们朋友的意见可能被视为更可信的依据。有效性是指数据是否实际测量到应该测量的内容。比如，在衡量幼儿教育计划需求时，由于候补名单会经常更换，所以候补名单的有效性不大。可靠性是用来描述测量稳定性，即在重复测试中以相同的方式测量相同事物的程度。比如，在跳远比赛时，测量跳跃距离的卷尺应以相同的起点与方式测量距离，每次使用时测量数据是相同的，这意味着可靠性。

三、收集分析数据

收集数据方法没有单一的，也没有最佳方法，使用哪种收集工具取决于评估的需要和正在解决的具体问题。收集数据方法包括参与式数据收集、记录分析和二次分析、观察、调查和访谈、焦点小组、日记和自我报告清单、专家判断、德尔菲技术八种常见工具。

（一）收集数据工具

参与式数据收集方法涉及大量参与数据收集的团体或社区。比如，通过召开社区会议，请社区成员提出问题、发表评论并讨论对社区重要的问题。再比如，通过绘制或使用现有地图，引发关于当地发展优先事项及其满足程度的讨论，验证辅助信息来源。社会制图可用于呈现有关村庄布局、基础设施、人口统计、民族语言群体、社区设施、健康模式、财富和其他社区问题的信息。

分析记录和二手数据分析方法是指使用他人收集的数据进行分析。二手数据源不仅包括来自先前数据收集活动，还包括报纸文章、电视节目、互联网等获得的数据。比如，拟调查机构已记录的信息数据，包括组织内部管理报告、预算数据等、评估或监测报告等。

观察方法也是一种有效的数据收集工具。通过观察，可以了解交通状况、土地利用状况、城乡环境布局、住房质量、道路状况、谁来农村卫生院看病等情况。观察可以以结构化的或半结构化的方式进行。结构化观察在需准确确定将在什么时间间隔内观察到的内容。非结构化观察根据情况选择方法，没有先入为主的想法或关于观察什么、观察多长时间的计划。观察者随着情况的发展进行观察和记录。如果评估者对观察什么有一个大致的想法但没有具体的计划时，就可采用半结构化观察，评估者可以简单地记录相应内容，如表 5-5 所示。

表 5-5　半结构化观察方法

观察	举例
参与者的特征（个人和团体）	· 性别、年龄、职业 / 职业、着装、外表、种族 · 对主体、对他人、对自我的态度技能、习惯和知识
互动	· 参与程度、兴趣 · 权力关系、决策 · 学习、解决问题的总体氛围 · 支持、合作与冲突的程度
非语言行为	· 面部表情 · 手势 · 姿势
项目负责人、主持人	· 沟通清晰 · 小组领导技能，鼓励参与 · 小组气氛意识 · 灵活性、适应性 · 学科知识、辅助工具的使用、其他教学 / 学习技巧 · 活动顺序
物理环境	· 房间（空间、舒适度、适用性） · 便利设施（饮料等） · 座位安排

调查和访谈方法是收集有关人们的看法、意见和想法的绝佳工具。调查

和访谈可分为结构化或半结构化的，可现场调查，也可通过电话、电子邮件、问卷等方式进行调查访谈。结构化调查是对所有受访者都以完全相同的方式提问，且问题完全相同，选项也完全相同；半结构化调查主要询问开放式问题，如表 5-6 所示。

表 5-6　结构化和半结构化调查问题

结构化问题	半结构化问题
1. 这个研讨会对您学习有帮助吗？ · 很少或没有程度 · 在某种程度上 · 中等程度 · 很大程度上 · 很大程度 · 没有意见 · 不适用 2. 村里所有的人在自家 500 米范围内都有干净的水源吗？ · 是的 · 不是	1. 您从工作中使用的项目评估研讨会中学到了什么？ 2. 村民的清洁水源在哪里？

专栏 15　调查的一般指导原则

以下是进行调查的一般准则：

· 保持简单、清晰、容易和简短。

· 找到进行过您感兴趣的评估的其他人。查找和研究与您认为要进行的调查类似的调查。

· 确保人们知道您要求他们参与的原因（但以一种不太可能使他们的回答产生偏见的方式）。

· 提出容易回答的问题，并且不要挫败受访者想说清楚的愿望。

· 不要向受访者询问需要他们访问文件或其他来源的信息。如果您必须这样做，您需要提前通知他们，以便在管理调查之前收集材料。

· 尊重受访者的隐私。对调查保密，并制定程序以确保隐私。

· 尊重受访者的时间和思考。

· 告诉受访者他们是如何被选中的，以及为什么他们的参与很重要。

·不要伤害：对回答保密。为数据分配一个识别号，并销毁与此人姓名的链接。

·让受访者知道他们是否会收到一份使用问卷结果的最终报告。

焦点小组是指在主持人的指导下，将小组成员聚集在一起讨论特定主题的定性评估方法。焦点小组主要适用于收集小组互动情况、资源的复杂性，“如何”和“为什么”而不是“是否”和“多少”，即时反馈情况、行为和动机具有复杂性的情况、对敏感话题的看法等。

日记和自我报告清单。日记是参与者的书面自我报告，通常是每天书写的记录。日记可用于记录日常生活中事件的详细信息，可用于研究社交网络等现象，健康、疾病和相关行为，饮食和营养等。自我报告清单是受访者根据适用情况核对的一组特定活动或事件的清单。该清单要求参与者跟踪列出一组特定活动或事件，并于特定的时间检查清单。

专家判断是指个别专家或专家小组的意见。专家判断可以使用预先建立的专业标准和程序，也可以临时进行。当专家判断使用何种既定标准时，标准通常是公布的，以确保专家以一致的方式提出问题和评估。比如，资助机构想评估培训项目的质量，该项目设计了课程，包括设计培训目标、目的和结果，可以邀请完全精通课程、目标、目的和成果的专家检查培训计划并根据文件进行评估。

德尔菲技术（Delphi Method）是指从参与者那里获得信息和判断，以便在不让参与者面对面的情况下促进解决问题、计划和决策。该技术方法包括：一是根据问题的特点，选择和邀请做过相关研究或有相关经验的专家；二是将与问题有关的信息分别提供给专家，请他们各自独立发表自己的意见，并写成书面材料；三是管理者收集并综合专家们的意见后，将综合意见反馈给各位专家，请他们再次发表意见。如果分歧很大，可以开会集中讨论。否则，管理者分头与专家联络；四是如此反复多次，最后形成代表专家组意见的方案。

（二）政策评估分析方法

在政策评估分析方法上，运用过程对比法、回归分析法等方法，采用定量和定性相结合。过程对比法、回归分析法更多偏向于理论研究，在实践过程中多采用上文所提到的各种数据收集工具，通过这些工具进行调查评估，进而深入分析政策实施效果和政策产生的经济社会效应。

过程对比法是指政策分析者通过对不同阶段的政策结果对比来确定实施效果，分析存在问题的方法。该方法分为始 / 终对比分析和有 / 无政策对比分析。其中，始 / 终对比分析包括前 / 后对比法、投射 / 实施后对比法、控制对象 / 实验对象分析法。

过程对比法是重要的政策分析方法，它使用广泛、操作简便，但它也存在某些缺陷。过程对比法采用的是单一因素分析方法，控制对象 / 实验对象分析法和有 / 无政策对比分析均未考虑试点与非试点的环境差异，可能存在试点误区效应。在公共政策分析中，应当客观、冷静地看待试点经验，区分环境差异，才能得出客观、公正的结论。

前 / 后对比法是将政策对象在政策实施前的有关指标，与实施该政策后的有关指标进行对比，从而说明政策效果。如图 5–4 所示，A_1 代表政策执行前的值；A_2 代表政策执行后的值，（A_2–A_1）为政策效果。

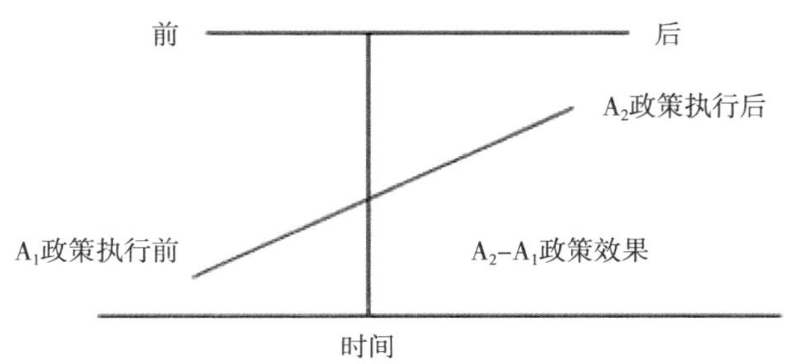

图5–4　前后对比分析法示意

投射 / 实施后对比法是将政策执行前的倾向线投射到政策执行后的某一点上，并将所得到的投影与政策执行后的实际情况进行对比，以确定政策的效果。如图 5–5 所示，Q_1 和 Q_2 是根据政策执行前的各种情况建立的倾向线：A_1 为该倾向线外推到政策执行后某一点的投影，代表若无政策影响在这里将会发生的情况；A_2 为政策执行后的实际情况；(A_2–A_1) 便是政策效果。

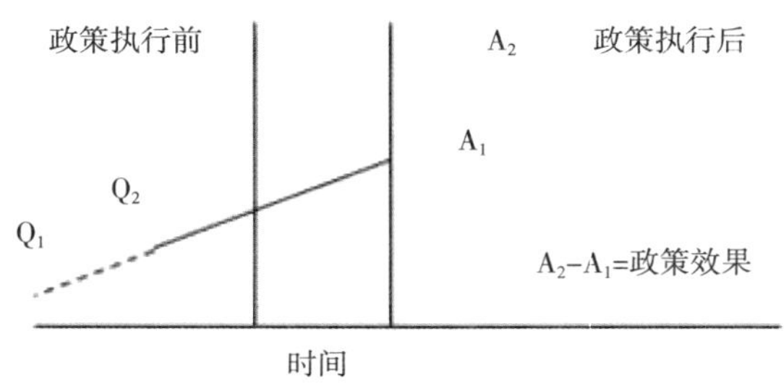

图5–5　投射/实施后对比分析

控制对象 / 实验对象对比法是社会实验法在政策分析中的具体应用。这一方法将政策实施前处于同一水平的分析对象分为两组：一组为实验组，即对其施加政策影响的政策对象；一组为控制组，即不对其施加政策影响的非政策对象。如图 5–6 所示，图中的 A_1 和 B_1 分别是政策实施前实验组和控制组的情况，A_2 和 B_2 分别是政策实施后实验组和控制组的情况，A_2–B_2 便是政策的效果。

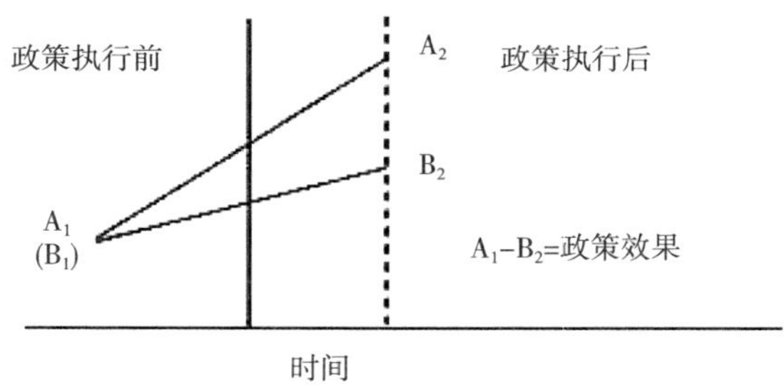

图5–6　控制对象/实验对象对比分析

有 / 无政策对比分析是在政策执行前和执行后两个时间点上，分别就采取某一政策和无此政策两种情况进行前后对比，然后再对两次结果进行比较，以确定被分析政策的效果。实质上，这是一种以某些指标为分析基础，结合某一对象的公共政策实施前后对比、实施者与非实施者对比的双重对比法。

如图 5-7 所示，图中 A_1 和 B_1 分别代表政策执行前有、无政策两种情况：A_2 和 B_2 分别是政执行后有政策和无政策的两种情况；（A_2-A_1）为有政策条件下的变化结果；（B_2-B_1）为无政策条件下的变化结果。则：〔（A_2-A_1）〕-〔（B_2-B_1）〕便是政策的实际效果。这一方法排除了非政策因素的作用，测量比较精确，能够比较有效地将被分析政策的"纯效果"从政策执行后产生的总效果中分离出来，是测量政策"纯效益"的重要方法。

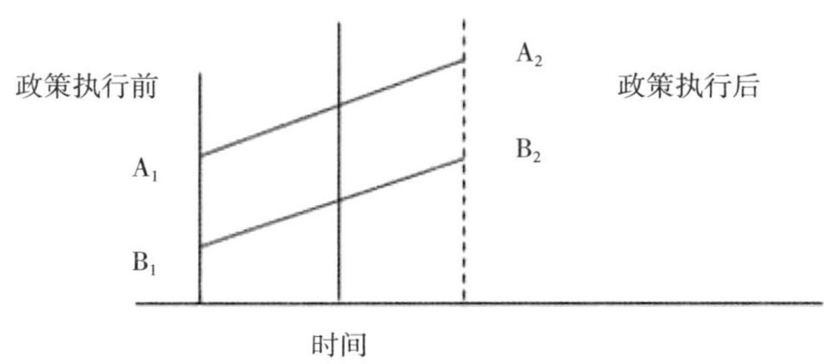

图5-7　政策执行前与执行后的对比分析

回归分析法指当存在着影响政策的两个及其以上因素时，分析者应用数理统计中的回归分析方法，找出其相关性，并用于政策预测的方法。该方法需要通过整理历史资料而形成自变量 x 与因变量 y 的坐标点，并将这些点连接起来，形成趋势曲线，借助于回归分析工具，求出与所有点都最接近的趋势曲线，从而证明两者存在着内在联系的分析方法。回归分析法有线性回归、二项式回归和多项式回归分析方法等。回归分析法是比较成熟的分析方法，它广泛地应用于经济政策的预测和分析上。

线性回归分析法是一种假定自变量与应变量呈线性关系的回归分析方法。这就是说假定自变量 x 与因变量 y 为线性关系，即存在着公式：

$$y=ax+b\ (0<R^2<1)$$

然后，通过相关公式去求证其相关性系数 R^2。相关性系数 R^2 为 0-1 之间的系数。若 R^2 等于零，则表明 x 与 y 不相关：若 R^2 的数值越大，表明该 x 与 y 的相关性越大；若 R^2 等于 1 则表明两者完全相关。

尽管线性回归分析法简单易行，但两者可能存在更合理的相关性，所以采用二项式回归分析法。二项式回归分析法公式为：

$$y=ax^2+bx+c$$

$$0<R^2<1$$

除了线性回归分析法、二项式回归分析法外，有时也使用多项式回归分析法来分析事物间的关系，具体包括指数分析法、对数分析法、乘幂分析法等。

第四节　汇报重大政策评估成果

完成数据收集分析后，撰写并汇报政策评估报告就是重大政策评估的最后环节。报告结果可以通过书面汇报，也可以通过口头报告。针对政策评估的最后环节，需重点说明如何制定沟通策略、撰写评估报告、呈现可视化信息、做好口头汇报。

一、制作沟通策略

政策评估的最终目标是为决策提供有价值的信息。评估不同于研究，评估不是为了知识而寻求知识，而是需要将评估结果进行清查，准确地传达。为此，在汇报评估结果前需要制定沟通策略。良好的沟通贯穿于评估全过程，不应仅在评估结束时才进行沟通。制定沟通策略前需要明确谁需要接收评估信息、需要什么信息、信息应该采用什么格式、何时应提供信息、谁负责提供等重要问题。政策评估沟通策略可以从开始设计评估方案时，就与政策决策者或利益相关方对核心问题进行讨论，在政策实施过程中，以适当形式（比如非正式简报、非正式汇报），向政策决策者或利益相关方传达相应信息。如表 5–7 所示，在开展政策评估时可以采用不同形式进行沟通。

表 5–7　沟通策略核对表

沟通对象	行动	沟通形式	谁是负责的人	到期日
政策决策者	讨论方案问题和时间需求	会议	队长	6/1

续表

沟通对象	行动	沟通形式	谁是负责的人	到期日
相关部门代表或地方组织代表	讨论程序问题	会议	队员 B	6/5
评估人员	讨论程序问题	会议	队员 C	6/11
政府人员	讨论程序问题	会议	队员 B	6/10
咨询委员会	识别并发送邀请函	电子邮件	队员 A	6/14
政策决策者	计划并召开有关问题的初步会议	顾问委员会会议	队员 B	6/25
咨询委员会	审查和讨论设计草案	顾问委员会会议	队员 A	7/15
政策决策者	提供最终设计	电子邮件	队员 A	7/30
政策决策者	分享最终设计	口头简报	队长	7/22

对于最终报告的展示，评估人员可以使用简报、演示和书面报告的方式。新闻稿可用于向更广泛的受众传播信息。如果计划召开新闻稿或新闻发布会，则应与主要利益相关者讨论其时间和处理方式。沟通最重要的是反馈，将利益相关者和评估者聚集在一起讨论发现、见解、替代行动和后续步骤。如果召开大型小组讨论，评估人员应确定将结果同时传达给不同利益相关者。此外，评估人员也可以使用其他沟通工具，比如小册子、视频、问题论文和带有图表的简短摘要，传达相应信息。

二、撰写评估报告

政策评估报告撰写时需要注意评估目标和受众。尽可能多地了解受众，并以最适合受众的方式撰写报告。同时，要注意词句，使用简单的、积极的、熟悉的用语，避免缩写和首字母缩略词，将背景信息限制为介绍报告并使其上下文清晰表述所需的信息。如有必要，可以将其他上下文作为附件。提供有关评估设计和方法的足够信息，以便读者对报告的可信度有信心，但要认识到其局限性。警告读者不要以可能无效的方式解释研究结果，详细内容可以放在附件中。特别提示的是要写一份执行摘要，将报告正文中的材料组织成针对主要主题或回答关键评估问题的部分，在每个部分中首先放置主要点，然后再放置次要点。用证据支持结论和建议，在附录中放置技术信息，包括设计矩阵和任何调查工具。留出充足时间修改、校对。如果可能，请具有专业知识的外部专家对报告进行评审。如果同行评审不可行，请与评估无关的同事审查报告。

报告的执行摘要应明确所涉及的评估问题、介绍评估方法、阐述调查结果及建议，可以使读者快速全面了解报告的主要信息。执行摘要应该简短，一般不超过两页。

专栏 16　执行摘要组成部分

·简要概述或介绍性段落，说明研究目的和关注的问题，以吸引读者注意力的方式撰写。

·对评估的描述，说明所解决的主要问题，以及关于评估范围和方法的简要说明。

·足够的背景信息将研究置于上下文中。

·报告主要发现的摘要。使用判断来确定哪些发现对观众最重要。

·一种将读者引向文本中信息页码的方法。

·主要结论和建议。

评估报告的正文通常分为章节（较短报告中的部分）、介绍、评估说明、政策评估结果、政策评估结论、政策建议。报告的导言主要包括评估的目的、背景情况、评估目标、评估问题等。评估的简要说明包括评估目的、范围、问题、方法、局限性、评估人员等。在撰写本部分时，评估人员应以读者可以清楚理解的方式呈现结果，只说明最重要的发现，围绕研究问题、主题或问题组织调查结果，使用图表、表格和其他图形元素来突出重点。

报告最后部分是结论和建议，读者通常会首先阅读。评估结果是指评估中发现的内容，调查结果应有证据支持。结论基于对研究结果的专业评估，应按照一定标准，针对每个评估子目标以及项目、计划或政策的总体目标进行评估。意见和建议是对政策决定者或主要利益相关者提出，例如，评估可能会建议为技术援助活动制定定价政策，但通常情况下不会起草政策或详细说明政策内容。建议应该清晰和具体，便于了解需要做些什么、需要采取哪些行动等。主要建议的数量应控制在 3—4 项。采用跟踪推荐方法对建议进行推荐跟踪，比如，每条建议包括推荐实施日期、采取行动的负责人、进展情况。如表 5-8 所示，采用简单矩阵方式对建议建立推荐跟踪系统。在这个矩阵中，评估者可以填写前两列，但管理人员会跟踪并确保他们指定的人跟进建议。

表 5-8　推荐跟踪系统表

具体建议	来源	日期	行动负责人	进展情况

三、呈现可视化信息

书面和口头报告都可以通过使用图形来增强效果，视觉元素可以增强演示文稿的呈现效果，汇报成果可以采用幻灯片、投影、海报等形式呈现。比如，美国问责办公室在 2017 年对校车安全问题开展专项评估时，引用了 2000—2014 年间联邦和州政府的校车事故数据，以图表形式直观反映校车事故的增长趋势、事故原因类型、与普通车祸的特征对比等，起到良好的效果。

向不同国家人员汇报政策评估成果时，需要做好充分准备。比如，尽量减少字数，将讲义中每页的幻灯片数量保持为两张以提高可读性，将文本限制在每张幻灯片或高架投影不超过 8 行，要留有大量的空白，要使用清晰的视觉效果。在演讲开始时分发讲义可能会影响听众对于演讲人的专注度，提前了解相关信息，可以在演讲结束后再发讲义。如果演示文稿包含复杂的数据或表格，也可以考虑提前分发相关讲义。

在演示过程中，使用 PowerPoint 等相关工具，可以使视觉效果看起来更专业。为了保持演示的趣味性，演讲者应该限制幻灯片的数量，只用它们来传达最重要的观点。比如，从一张吸引观众注意力的幻灯片开始。给观众大约 10 秒钟的时间阅读幻灯片，然后在接下来的 5 分钟内讨论为什么幻灯片中的观点很重要。使用幻灯片来说明要点、惊人的事实、难以用听觉理解的陈述以及重要的结论，通过展示幻灯片讲述其背后故事。听众很难忍受一张又一张乏味的幻灯片连续播放，当信息过多时，很难理解上下文与政策评估的主要关系。通常情况下，讲述细节会增强听众的理解力，使听众清晰了解相关内容。

四、做好口头汇报

完成评估总结报告后，需要做好充分准备，提前练习口头汇报工作。一是了解汇报对象，比如，他们期待什么，他们想要了解多少细节内容，我的演讲有什么意义，我希望观众记住的三个最重要的信息是什么？我希望观众如何处理我提供的信息，等等。二是参考汇报标准化模板，总结适合自己的方法，可以采用“结论 + 4P 理论”表达公式，提出评估结论，说明方案设计内容、政策评估结果、主要评估问题及方法、未来建议。三是根据不同汇报时长，准备不同版本的汇报内容。比如，1 分钟就做简单结论的汇报，6—10 分钟就做“结论 + 4P 理论”的详细汇报，在汇报过程中可以视情况使用幻灯片等。四是不断练习，要以分享的心态与听众进行交流沟通。提高演示文稿质量的最佳方法之一是练习。在他人面前排练之前，请单独排练演示文稿。排练后征求反馈意见，并相应地调整演示文稿，确保演示文稿刚好填满分配的时间。

第五节　管理重大政策评估工作

重大政策评估工作是一项系统而复杂的工作，需要统筹协调不同人员，从而使每个人都按时、高质量地完成相应工作任务。这些需要进行管理，具体包括制定评估管理工作方案、确定评估团队、组建工作团队并分配工作任务，确定管理职责并跟踪推进工作任务（管理时间进度和项目预算）。

一、制定评估管理工作方案

成功推进评估工作的前提是制定评估管理方案。如果评估管理方案不合适，那么以后的评估工作都不能有效开展。在着手政策评估之前，要做好充分准备工作，最关键的就是制定评估管理方案，包括确定评估对象、制定评估方案、准备评估条件。比如，制定发布公共政策评估办法，构建科学规范有效的考核指标体系，科学设置单项指标权重，确定各个单项指标的负责部门及人员等。

评估管理方案不是一成不变的，可以调整以适应评估的需要。像任何计划一样，评估管理方案可能会经历一个更新和修订的迭代过程。随着新信息不断获取，一些想法和方法将需要修改。评估设计矩阵并不是进行良好评估所需的全部。如果没有所需技能的人实施它，评估交付得太晚而无法影响关键决策，或者在数据收集期间预算用完等，都将导致评估低质量。

二、确定评估团队

在正式进行政策评估工作之前，需要确定评估团队，可以委托评估专业机构或者聘请咨询公司。政策评估负责人是关键，优秀的评估团队对于评估工作起到至关重要的作用。

确定评估团队首先要明确评估要求及其职权范围，比如对于评估背景、目标的理解，评估小组成员的个人职责，时间进度表等。通常通过合同（协议）方式建立委托关系。合同协议中要明确评估目标、完成时间、设计方案、职责范围、报告要求等。

专栏 17　政策评估委托合同的职责范围

明确说明评估的目标并确定以下内容：

· 要解决的一般问题和初步评估问题。

· 主要利益相关者及其对评价的预期用途。

· 将采用的总体评价方法。

· 评估中预期的产品，每种产品需要提交的时间以及每种产品的使用方式。

· 评估小组成员所需的专业知识。

· 后勤安排。

· 不要简单地用技术或过程术语陈述目标，明确评估将如何帮助组织。

· 专注于要解决的初步问题。

·避免选择太多问题。最好让评估深入研究几个问题，而不是表面上研究广泛的问题。

职责范围通常包括以下内容：

·一个简短的描述性标题。

·项目或计划的描述。

·评价的原因和期望。

·评估范围和重点的说明（要解决的问题，要回答的问题）。

·确定利益相关者的参与（谁将参与，谁将做什么，问责流程）。

·评估过程的描述（将做什么）。

·可交付成果清单（评估工作计划、中期报告、最终报告、演示文稿）。

·确定必要的资格（所需的教育、经验、技能、能力）。

成本预测，基于活动、时间、人数、专业费用、差旅费和任何其他费用。

三、组建工作团队并分配工作任务

政策评估工作的实施阶段的主要任务是利用各种调查手段，全面收集政策过程各个阶段、各个环节的信息，收集各方面对政策的反映和意见，并在此基础上进行系统的分析和整理，运用适当的分析方法，对政策做出评估。在这个过程中，需要组建工作团队，分配不同的工作任务。涉及评估工作的关键人员包括政策决定者（主要客户）、利益相关者、评估负责人和评估小组成员。

政策决定者通常只有一个主要客户，一般情况下是提出要求并为评估工作提供资金。政策决定者希望解决的具体问题、对评估结果的运用以及相应的时间影响通常构成评估的框架。评估团队应尽早与其进行沟通，讨论政策评估的目标和背景，导致评估请求的需要、问题或兴趣，评估结果的关键时间需求，评价要解决的重要问题，沟通时间表和频率等。

利益相关者是指在政策实施过程中与政策决定者无关的人或组织，但他们通常情况下会受到拟评估政策的影响。利益相关者的作用通常是确定评估问题到提供数据。在参与式评估中，利益相关者可以在不同级别承担评估责任。形式可以是选定利益相关者作为评估团队的一部分，让他们参与问题的制定、数据收集和分析。如果利益相关者参与评估过程，他们更有可能支持评估并根据结果和建议采取行动。在评估过程中，让批评者参与进来也是有益的。让利益相关者在设计集体评估时有发言权，可以增加解决分歧和围绕问题达成共识的机会。尽早与利益相关者接触可以避免冲突。

评估团队负责人是管理方案设计、方案执行、评估分析及报告的人员，他可以同时管理多个评估。在某些情况下，评估员将同时管理和进行评估。评估团队负责人的职责包括准备、实施和后续行动三个阶段，具体职责包括从政策评估准备、实施到总结汇报的全部过程。

专栏 18　评估团队负责人具体工作职责

·确定目的，确定评价结果的使用者。

·确定谁需要参与评估过程。

·与主要利益相关者会面。

·定义评估范围和方法以及设计方案。

·起草评估工作责任内容，并指明评估的时间框架。

·确定进行评估所需的技能和经验组合。

·监督数据收集工具的开发和预测试以及现有信息的收集。使用选择性并确保现有信息来源可靠且质量足够高，以产生有意义的评估结果；收集的信息应该是可管理的。

·根据评估目的、方案和工作计划选择、招聘和简要介绍评估人员，然后根据需要进行培训。

·确保在评估工作之前提交所编制的背景文件，以便评估团队有时间消化这些材料。

·监督实地考察计划。

·确保有资金进行评估。

实施是评估的实际实施，包括分析、起草和报告。它要求管理者做到以下几点：

·确保评估人员可以完全访问文件、报告、出版物和所有其他相关信息。

·跟进评估进度，在实施的所有阶段为评估人员提供反馈和指导。

·评估报告的质量，并与评估者讨论优势和局限性，以确保报告草案合格。

·安排与评估人员和主要利益相关者的会议，讨论报告草案。

·批准最终产品，并确保向利益相关者展示评估结果。

最后一个阶段，即跟进，是指评估绩效、传播结果、跟踪建议和进行事后分析。在此阶段，管理者的职责包括：

·评估评估者的表现，并记录在案。

·向主要利益相关者和其他受众传播评估结果。

·在当前和未来的规划中促进建议的实施和评估结果的使用；定期监测以确保建议得到落实。

·带领团队进行学习回顾，以确定哪些做得好，应该重复，哪些事后看来可能会有所不同。

在三个阶段中，评估经理都可以在团队会议期间充当协调人，使所有参与者能够分享他们的观点和想法。作为协调人，经理负责：

·制定议程。

·帮助小组坚持议程。

·确保听取所有意见。

评估团队成员主要是指在政策评估中执行主要工作的人。评估人员的数量取决于评估的规模和范围、预算和可用人数。同时，需要根据政策评估目标及标准，对该评估人员的个人素质和专业能力进行考核。

专栏 19　优秀的政策评估者

联合国开发计划署（UNDP 2006）确定优秀评估者应有以下特征：

·特定主题的专业知识。

·了解关键发展问题，尤其是与主要目标相关的问题，或了解“大局”的能力。

·熟悉组织的业务以及开展此类业务的方式。

·设计、数据收集、数据分析和报告准备方面的评估技能。

·使用信息技术的技能。

联合国人口基金（UNFPA 2007）确定评估人员的若干潜在责任：

·提供有关评估设计的输入；为评估目标和问题带来细化和特殊性。

·进行评估。

·审查提供的信息 / 文件。

·设计 / 改进工具以根据需要收集额外信息；进行或协调额外的信息收集。

·进行实地考察；进行采访。

·在参与式评估中，促进利益相关者的参与。

·向评估经理提供定期进度报告 / 简报。

·分析和综合信息、解释发现、制定和讨论结论和建议，并吸取经验教训。

·参与评估报告草案的讨论；纠正任何事实错误或误解。

·指导反思 / 讨论，以促进在研讨会 / 研讨会环境中评估结果的展示。

·完成评估报告，并准备评估结果的介绍。

四、确定管理职责并跟踪推进工作任务

重大政策评估过程包括政策评估准备、政策评估实施、政策评估总结三阶段。这三阶段工作内容复杂而烦琐，需要进行项目管理。这意味着由项目管理人明确职责，并跟踪推进相关评估工作任务，以保证高质量完成评估目标。管理人员需要关注评估工作人员、评估任务、时间进度、评估预算、政策评估质量等工作，需要统筹协调相关人员开展工作。

（一）管理人员

管理人员是确保评估团队协同工作的人员，需要具备各种技能，解决冲突问题，开展团队建设。管理人员需要减少恐惧心理，比如，担心评估会集中在负面因素上，某些负面评价结果可能不利于执行评估方案，缺乏难以衡量的评估方案导致错误结论，从而对项目资金产生负面影响。解决这种恐惧心理的方法是让管理人员参与到政策评估全过程，为他们提供机会审查评估工作方案、发现评估问题，提出评估建议。

解决冲突最需要的两种技能是沟通技巧和倾听技巧。重要的沟通技巧是使用“我”陈述而不是“你”语言。倾听技巧是确认听者已正确理解说话者的意思。并非所有冲突都以输赢定论，最具有建设性的冲突解决目标是双赢。

专栏 20　冲突解决技巧

管理人员可以通过多种方式解决冲突：

·把那些有冲突的人带到会议上。简要总结各方观点。

·允许人们讨论，这样做对减少冲突大有帮助。

·请每个相关人员描述他或她希望其他人采取的行动。

·听听双方的意见，听取冲突原因及解决方法。

·不要选边站。提醒参与者评估的目标或目的，并努力找到帮助双方达到目标的方法。

·期望参与者努力解决他们的争议。允许他们继续会面以解决冲突。设定一个时间来了解冲突解决进度。

团队建设技巧需要倾听、提问、说服、尊重等多方面技能。倾听是团队最宝贵的资产。提问是指团队成员应该提出问题以澄清和详细说明。说服是指团队成员可能需要交流想法，阐述、捍卫和重新思考他们的想法。尊重是指团队成员应尊重他人的意见，鼓励和支持他们的想法和努力。帮助是指团队成员应该互相帮助。

专栏 21　提高团队合作技巧

以下提示可帮助管理人员改进团队成员的协作方式：

·传达指定工作的目的和重要性。

·积极倾听，通过有效的释义帮助他人表达自己的想法。

·在积极的探究实践中与同事和其他人合作，重视每个人的独特贡献和观点。

·抛开个人偏见，为了受项目、计划或评估影响的人们的利益，寻求难题的答案。

·面对评估结果，抛开防御姿态。

·头脑风暴用于在短时间内从一群人那里收集想法。

（二）管理任务

管理任务需要专注于政策评估目标和最重要的任务。可以采用任务地图来推进工作任务。任务地图标明开始和结束日期，列出每位评估人员的管理任务，如表 5-9 所示。通过任务地图来监控工作推进情况，可以请每位评估人员对照工作计划，填写每项任务的实际进度情况。这样可以确保按时完成任务，及早发现问题并及时解决问题。虽然制定管理计划很重要，但是也需要根据情况进行调整，通过分配更多时间、资源、减少任务工作量进行调整。

表 5-9　任务地图样表

任务	人员责任	开始日	到期日
对外部文献进行审查，并确定相关的内部和外部问题	评估人 A	7/1	7/4

续表

任务	人员责任	开始日	到期日
审查计划/项目文件（例如，董事会文件、决策文件、监督报告）	评估人 B	7/5	7/23
安排并与客户举行会议	评估人 C	7/15	7/31
确定主要利益相关者，并安排会议	评估人 D	7/15	7/17
写下与客户会面和做出的决定的总结	评估人 A	8/1	8/3
召开利益相关者会议，总结问题	评估人 B 和评估人 C	8/5	8/15
评估的初步设计草案	评估人 A	7/1	8/31

（三）管理预算

政策评估预算科目通常包括评估人员工资和福利、专家咨询费、差旅费、会议费、资料文印费、出版/文献/信息传播/知识产权事务费、对外委托费（分包）、设备费、税费、管理费等。管理人员需要根据政策评估方案，核算每个科目的成本，估算评估总成本。如果预算过高，需要采取节约成本的措施（见专栏 22）。在设计评估总预算时，应将项目成本的 1—3% 指定用于评估。项目规模越大，评估预算的百分比越小。

专栏 22　节省成本措施

- 使用志愿者或低成本工人。
- 使用当地专家进行数据收集以降低差旅成本。
- 培训成本较低的人员来执行选定的任务。
- 借用设备、人员、材料和用品。
- 寻求聘用外部评估员的组织提供实物捐助。
- 缩小评估范围（推迟某些部分以备将来使用）。
- 使用现有的度量、数据或报告。
- 当精度可以牺牲而不会造成严重后果时，使用廉价的数据收集。
- 利用公共媒体传播结果。
- 通过良好的管理提高效率。

（四）项目管理

项目管理包括统筹管理时间、任务范围、成本和可用资源等方面。项目管理是过程管理，包括发起、规划、执行、控制、收官等五个阶段。每个阶段都需要完成不同的工作任务，如表 5-10 所示。

表 5-10　项目管理五个阶段及工作任务

阶段 / 行动	成功执行的结果
启动阶段	
1. 启动项目	确认对项目可交付成果的需求并概括地描述可交付成果、创建可交付成果的方法、创建和实施可交付成果的成本以及通过实施可交付成果获得收益的文件
2. 明确项目需求和可行性	· 赞助商的“去 - 不去”决定　· 指派一名项目经理，正式认可项目并授权项目经理将资源运用到项目活动中；创建项目章程，以正式承认该项目，由项目外部且组织级别足够高的经理发布，以便他或她可以将资源应用于项目需求，以及授权项目经理将资源应用于项目活动
3. 获得项目授权	·“去 - 不去”决定由发起人做出，授权项目经理将组织资源应用于特定阶段的活动　· 阶段的书面批准，该阶段已创建，并且正式承认阶段的存在，以及由项目外部且组织级别足够高的经理发布，以便他或她能够满足项目需求
规划阶段	
4. 确定项目目标范围	· 项目范围说明　· 范围管理计划　· 工作分解结构
5. 定义和排序项目活动	· 将要进行的活动清单　· 更新工作分解结构　· 项目网络图
6. 评估活动的持续时间和所需资源	· 每项活动所需时间的估计以及与每项估计相关的假设　· 资源需求说明　· 活动清单更新
7. 制定项目计划	支持详细信息，例如随时间推移，资源使用情况、现金流量预测、订单 / 交货时间表等
8. 估算项目成本	· 完成每项活动的成本估算　· 支持细节，包括假设和约束　· 描述如何处理成本差异的成本管理计划
9. 制定预算和支出计划	· 用于测量 / 监控成本的成本基准或时间分段预算 · 支出计划，说明在什么时间将在什么资源上花费多少
10. 保证项目质量	· 质量管理计划，包括操作定义　· 质量验证清单
11. 创建正式的项目沟通计划（可不选）	沟通管理计划，包括收集结构、分发结构、要传播的信息的描述、信息产生的时间表、更新沟通计划的方法

续表

阶段 / 行动	成功执行的结果
12. 组织和招募人员	·角色和责任分配　·人员配备计划　·组织结构图，酌情提供详细信息　·项目人员　·项目组目录
13. 识别风险和计划回应（可不选）	描述潜在风险的文件，包括来源、症状和解决方法
14. 计划和获取外部资源（可不选）	·描述如何雇用承包商的采购管理计划　·描述要采购的项目（产品或服务）的工作说明或要求说明　·投标文件　·评估标准（承包商建议的评分方式）　·与一个或多个商品或服务供应商签订合同
15. 组织项目计划	综合项目计划，将先前项目计划活动的所有输出汇总在一起
执行阶段	
16. 结束项目规划阶段	由发起人以书面形式批准项目计划
17. 重新审视项目计划并在需要时重新计划	确信执行特定阶段的详细计划仍然准确，并将按计划有效实现结果
18. 执行项目活动	·工作成果（可交付成果）　·变更请求（基于扩展或收缩的项目）　·定期进度报告　·团队绩效的评估和改进（如有必要）　·为可交付成果征求投标书 / 建议书、选择承包商（供应商）和重新建立合同
控制阶段	
19. 控制项目活动	·决定接受已检验的可交付成果　·纠正措施，例如可交付成果的返工、工作流程的调整等　·更新项目计划和范围　·经验教训清单　·提高质量　·完成的评估清单（如果适用）
收官阶段	
20. 关闭项目活动	·正式接受，书面记录赞助商已接受此阶段或活动的产品　·承包商工作产品的正式验收和承包商档案的更新　·为存档准备更新的项目记录　·计划跟进和移交工作产品

第六章 | 重大政策评估展望

第一节 国际公共政策评估趋势

从西方公共政策评估实践可以看出，公共政策评估理论和方法的形成和发展，与一个国家和地区的政治环境、制度安排、社会文化传统、社会结构等密切相关。脱离了这些环境因素，是否适用于其他国家和地区的情境，还需要研究之后才能判定。当今各国发展面临不确定性因素增多，政策环境多变、政策诉求多样化、利益和利益主体多元化、民众参与热情高涨、参与主体多元化，对政府治理提出了更高的要求，也对公共政策评估理论与实践提出了新的挑战。

一、公共政策评估领域进展

（一）经济政策评估新进展

在一定程度上可以认为，经济建设与发展从国家出现的那一刻起就是各国政府活动的重要组成内容。近来全球经济面临下行压力，全球经济发展疲软，各国在积极借助财政政策和货币政策促进经济发展的同时，也注重对所出台的政策的效果进行评估，以进一步修正现行政策。

为了在经济危机中保持经济持续、较快增长，新加坡对其近几年的货币政策和财政政策进行了持续的评估和修正。新加坡的宏观经济政策是建立在中期发展方向之上的，旨在实现持续的、非通货膨胀的经济增长。面对近年来外部环境所产生的多重冲击，新加坡金融管理局通过重新界定新元的政策边际和恢复适度的升值路径，实施了紧缩的货币政策，又根据经济发展的状况，出台了一系列后续政策，以实现经济的稳定和持续增长。政策评估结果表明，在全球经济发展和通货膨胀的大背景下，新加坡金融管理局的政策突出了新元在近期发展中的稳定支柱作用，为更持续和公平增长奠定了基础，有助于进一步提高经济收入，保护经济的发展和减少收入不公平。

英国面对全球经济发展步伐放缓，国内经济接近零增长的局面，实行更加积极的货币政策，以刺激经济增长。

（二）产业发展政策评估新进展

实体经济是各国经济发展、在国际经济竞争中赢得主动的根基。制造业是实体经济的主体，振兴实体经济必须做大做强制造业。日本出台 2019 年版《制造业白皮书》，都是对制造业现状和不足进行内部评估，同时部分三方机构对美国国家制造创新网络（NNMI）进行评估，并认为美国制造业的崛起带来三大效益，一是促进技术创新和商业化；二是加速制造业劳动力发展；三是促进先进制造业可持续发展的生态系统。这也被称为美国制造业的三大基石。

对于新兴产业，联合国贸易和发展会议（UNCTAD）近日发布《2021 年技术和创新报告》，报告分析了随时代变迁的技术变革和不平等趋势；评估了各国面向前沿技术（人工智能、物联网、基因编辑、太阳能光伏等 11 种技术）的国家准备度。对于农业而言，现代化生产将产生正向外部性，例如涵养水源，提升土地肥力等。

（三）创新驱动政策评估

实施创新驱动发展战略，对国家提高经济增长的质量和效益、加快转变经济发展方式具有现实意义。科技创新具有乘数效应，不仅可以直接转化为现实生产力，而且可以通过科技的渗透作用放大各生产要素的生产力，提高社会整体生产力水平。同时，发挥创新驱动作用，就要以整体性、全局性、非线性思维，从封闭自主创新转向基于自主的开放、协同、整合式创新，加强各部门之间科技资源的统筹，特别是强化科教融合，高度重视战略性科技人才和战略性科技企业家的培养，进而加快实现颠覆性技术突破，提高产业持续的创新能力和全球竞争力。

（四）民生福祉政策评估

收入差距方面。意大利劳动价值评估研究机构发布年度社会劳动者收入调查评估报告，对地区收入差距大小进行衡量。法国《世界报》对马克龙推行的巨富税（ISF）取消以后的法国人收入情况进行评估，结果显示，最富有的法国人收入激增。美国劳工统计局（the Bureau of Labor Statistics，BLS）定期发布的最新美国消费者支出调查报告，对消费者消费能力衡量评估。

社会保障方面。国际劳工组织（ILO）组织编写的《世界社会保护报告（2017—2019）》，采用生命周期方法，用各国提供的翔实数据，对全球社会保障制度的覆盖面、待遇和支出水平等进行了系统的描绘与分析，全面反映了各国在扩大社会保障覆盖面上所取得的最新进展、存在的问题和面临的主要挑战。西班牙社会保障体系起源于德国的俾斯麦模式，同时也融合了盎格鲁—撒克逊模式的特点，从而逐步建立了适应其社会组织和经济结构的保障体系。西班牙国家劳动社会保障部负责制定社会救助服务标准等，各地方政府负责评估社会救助资格条件及政策实施情况，并监督区域内相关机构和社会组织提供的社会救助的质量和效率。地区社会救助中心负责具体的社会救助服务，包括受理申请、资格评估、发放救助金或服务补贴等；同时负责与非政府组织开展合作，支持非政府组织提供临时庇护、日间照料、康复训练以及其他救助服务。

（五）环境政策评估新进展

环境政策评估以及环评政策在国外已经有较长的发展，形成了一套相对稳定的政策评估标准。各国环境政策评估的最新实践也表明，在可持续发展理念日益凸显的当代，环境政策评估正成为政策评估领域的一支生力军。

1972 年的联合国人类环境会议拉开了现代国际环境政策的序幕，迄今为止，国际环境政策包括气候变化、沙漠化、生物多样性、海洋环境等多个领域。国际环境政策的评估依据主要是国际环境条约，通过对国际环境条约执行情况及效果进行评估，要求各国进行相应的调整。评估目标主要包括两个方面：一是政策成效，评估政策的目标作用对象是否按照政策意图改变了行为，比如各国是否按照国际环境条约的要求执行了相关措施；二是环境效应，各国在进行行为改变的基础上，相应的环境问题是否得到了解决。

（六）外交政策评估新进展

随着全球化进程的加速，国家间的联系更加紧密，竞争与合作并存。为了在国际竞争中处于有利地位，营造更加宽松的外部发展环境，各国政府极其关注通过评估和调整外交政策来维护国家利益，充分体现政策背后隐含的政治因素。

外交战略是国家用以改变与他国关系的行动，其目的在于获取政治、经济或军事方面的战略利益，阻止有损本国战略地位的态势发展。外交战略的内容和基本原则主要体现国家外交政策基本内涵、战略方针和从事外交事务活动中始终遵循的路线与准则。外交政策评估是外交官或外交官的中心工作，通常包括对短期事件的分析，对一个国家的国内政治状况和一个阶段的较远程的评估，以及对未来模式、事件趋势和可能的发展进行评估三种方式。

近年来，各国都会对各自的外交关系进行例行审视、不断调整，以改善同另一个国家的政治关系，处理特别的贸易问题，建立新的联系，开辟其他关系领域等。在评估一个国家的外交政策时，通常会以核心利益和次要核心利益为基础构建评估分析框架。核心利益和问题的范围主要是根据该国的实际能力、地理位置等来确定。影响因素包括国内因素和国际因素。在对一个国家的外交政策进行较长期的评估和审查时，取向和变化是主要的考察领域，这类评估主要涉及一个国家基本对外政策的构成和变化，而这种变化可以反映出该国与国际社会中与其他成员关系的基本模式变化。

（七）对外开放政策评估新进展

世界贸易组织《2019 全球贸易报告》，报告对全球货物贸易、服务贸易现状进行评估分析，并提出降低服务贸易壁垒，提升运转有效性。法国经济财政部定期发布《法国国际服务贸易情况报告》，对法国贸易政策、贸易结构等方面提出优化方案。

欧央行通过欧洲系统性风险委员会（European Systemic Risk Board，ESRB），检测气候变化风险对金融体系的影响，并建议监管机构在压力测试模型中加入气候变化因素。英格兰银行希望通过气候风险测试、情景分析等，确保金融体系能够正确认识、抵御与气候相关的金融风险。

（八）安全发展政策评估

应急预案方面。新加坡内政部发布《新加坡恐怖主义威胁评估报告》。报告指出，新加坡面对的恐怖主义威胁依旧存在，除了持续出现自我激进化个案，也需对右翼极端主义这类新兴威胁保持警惕。美国国务院依据美国国会要求制定年度报告《反恐形势国别报告》，澳大利亚著名智库经济与和平研究所也曾多次发布“全球恐怖主义指数”系列评估报告。

英国政府于 2021 年 3 月 16 日发布涉及外交、国防与安全政策评估的综合评估报告，明确将增加核弹头数量，增幅超过 40%。日本每年都会出台《防卫白皮书》，阐述日本对上年政策的评估，以及对周边安全环境的看法和日本的防卫政策。

生态安全是指一个国家赖以生存和发展所需的生态环境处于不受或少受破坏和威胁的状态。生态安全是一个高度综合的概念，涵盖社会、经济、生态等多个方面，单就生态方面而言又包含山水林田湖草等多个要素。维护生态安全需要统筹陆域和海域、开发与保护、政策制定者与利益相关方等多种复杂的关系，对于政策评估具有挑战性。目前多数国家采用压力－状态－响应（Pressure-State-Response，PSR）模型、生态足迹模型、景观生态学模型、生态系统服务模型等方式，对环境动态变化情况进行分析统计，防控潜在风险，融合新兴技术，实施以生态功能为导向的综合管理。

二、国际公共政策评估发展趋势

从国际社会来看，公共政策评估未来的发展趋势包括不断完善评估理论体系，并指导评估实践，不断创新评估方法，以适应社会发展和公共管理的发展趋势，充分满足多方需求，平衡各方利益。

（一）政策评估主体由“一元”向“多元”转变

国内外著名学者一般都认为，在公共政策评估活动中，除立法机关、政党组织、司法机关、社会组织和公民外，比较重要的公共政策评估主体是政策制定者和执行者、专业机构和人员、大众传播媒体。政策评估研究的新进展也表明，评估主体的多元化不仅有助于提升政策评估效果，还能够改善政策评估过程中的公民参与。西方发达国家的政策评估实践也表明，政府机构已经不再是政策评估的唯一主体，独立的政策评估机构大量涌现。

未来评估机构转型的发力点在于：一是转变传统的评估理念，引入 360 度评估方法，为政策接受者参与评估畅通渠道。二是支持并加快独立政策评估机构建设，广泛采纳他们的评估结果和建议。同时，通过设立课题的方式，委托高校等科研机构对相关政策进行评估，加强政府和科研机构的合作。四是鼓励新闻媒体追踪和报道政策实施效果，发挥舆论评估作用。

（二）政策评估标准由“技术导向”向“价值导向”转变

第三代批判主义和第四代建构主义的政策评估理论都对传统政策评估过度关注效率和结果提出了严厉的批判，并指出在政策评估的过程中应该更加关注公平、民主和回应度。因此，公共政策评估标准的科学体系中至少应包括三个维度：形式维度，即公共政策的形式合法性；事实维度，即公共政策结果的有效性；价值维度，即公共政策价值的合理性。

未来政策评估过程中，应该在关注效率和结果技术导向指标的基础上，加入更多体现社会公平、民主、回应度等价值导向的指标。与此同时，在评估政策实施是否实现预期效果的基础上，进一步评估这些效果是否符合政策接受者的意愿，是否在给予政策接受者利益的同时，损害了他们的权利或者社会价值原则，尽量避免政治因素的影响。

（三）政策评估领域呈现多层次评估

政策评估机构对哪些领域的政策进行评估，往往取决于国家和社会发展的需要。通过比较不同阶段的政策评估领域不难发现，在政策评估前期，侧重对一国经济、外交和军事政策进行评估。在当代，政策评估领域呈现出层次性，即在关注传统政策评估领域的同时，更加关注环保、人口等领域的政策。例如，西方发达国家近些年都会颁布航空、邮电、移民等与国民生活紧密相关领域政策的评估报告。总的来说，呈现特征为：政府机构关注宏观政策评估，独立机构和高校关注微观政策评估。

未来，在坚持评估经济、外交和军事等事关国家安全与发展政策的同时，应加强对与国民生活紧密相关领域政策的评估，确保国民的生活质量随着经济社会发展得到不断提升。与此同时，鼓励独立机构和高校基于自身特点，选取微观领域政策进行评估，并基于评估结果提出改善政府工作的对策建议。

（四）政策评估过程呈现出持续性

不论是弗兰克·费希尔还是E.戈登堡的研究都表明，为了提高政策评估的准确性和政策执行的效果，需要将政策评估看作是一个发展的过程，进行持续性的评估。西方发达国家现行的做法是，通过定期发布评估报告的形式，对相关政策进行追踪和持续评估。这一做法无疑是符合“第四代”政策评估思想精髓的。

同时在评估主体上注意可持续发展进程，例如以绿色金融政策评估为契机，推进构建企业环境绩效数据库并监测相关商业银行的环境绩效，以提升生态环境部门对企业环境信息采集、商业银行及银行监管部门共享企业环境绩效数据的服务能力，并为各商业银行践行绿色信贷，管理和评估环境风险提供权威的信息支持。

第二节　我国重大政策评估展望

党的十九届四中全会进一步强调坚持和完善我国社会主义制度、推进国家治理体系和治理能力现代化。公共政策是国家治理体系的重要组成部分，是表达国家意志、指引战略方向、协调各方关系、优化资源配置、促进经济社会发展的一系列政策的总称，是政府行政的基本依据。在新发展阶段，遵循新发展理念，立足于我国政治制度安排和行政生态，通过比较、鉴别、有选择地消化吸收国外的公共政策评估理论和实践，研究发展适合中国社会、经济、政治、文化的政策评估理论和方法，结合自身优势和需要克服的难点，因地制宜探索构建我国重大政策评估体系。

一、加强我国重大政策评估理论研究

要想解决如何进行科学评估的问题，可以借鉴国外经验和各地、各部门探索的经验，构建符合中国国情的评估理论体系。加强评估方法论研究，多应用以假设检验、经验数据、定量分析为主要内容的实证评估方法，丰富政策评估“工具箱”。

从政策评估理论来看，按照李开孟提出的建议，我国可参考美国国际开发署（USAID）发并使用逻辑框架法（LFA），对我国重大政策设计、计划和评价。自20世纪80年代后期以来，逻辑框架分析方法在我国重大项目规划及政策评估和跟踪评价中已经得到初步应用，可作为我国进行政策评估的总体框架。

基于现实生活中出现的问题以及问题的严重性进行政策立项，是制定政策的前提。重大政策出台必要性的逻辑是：如果不出台新的政策，可能会造成某种经济、社会问题，而政策的出台应能解决这些问题。将逻辑框架法应用于政策评估工作包括两个环节，一是从重大政策要解决的核心问题入手，向上逐级分析其影响及后果，向下逐层分析其原因，构建出整个政策制定和执行的内在逻辑；二是从实施政策所需投入的各类资源和措施入手，向上推导这些投入的实际产出、达到的效果、发生的影响，进而与政策的内在逻辑进行比较做出评价。通过对逻辑框架的分析，可以明确政策制定目的（效能、公平性）、目标（效率、反应度）、举措（充分性、适当性），以及宏观效果（影响）和政策的可持续性（执行能力）的内在联系，从而为政策评估提供基本结构。

我国重大政策评估需要在事前搜集大量信息和反馈建议，优化政策制定方案；事中利用政策评估能够提供关于政策结果以及政策过程的相关信息，是对政策的效益、效率、效果及价值进行判断的一种行为；事后对政策效果与预期之间偏离程度进行衡量，并判断政策效果与政策成本是否符合的过程。重大政策评估是对政策的全流程覆盖，由于重大政策具有执行区间长、执行机构关系复杂的特点，需要对其进行多时点评估，既在制定政策计划、设计和选择政策方案的阶段进行，也对正在执行的政策进行，还可以在政策执行活动完成以后进行，囊括政策方案制定、执行、监督、终结以及最终效果评价。此外，强大数据技术在评估工作中的运用，完善信息技术支撑系统，利用好信息化手段、大数据分析方法开展评估工作，进一步提升评估工作的科学性。

二、建立健全我国重大政策评估法律制度体系

法律与制度是建设我国重大政策评估的基础，关系到评估的权威性、规范性和有效性，在评估工作比较规范的国家，均形成了完备的法律体系和规章制度，对重大政策评估的主体、内容、标准、方式和程序等进行规定，为评估工作的开展提供充足有效的法律依据，从法律上保证重大政策评估的地位，能够有力地推动重大政策评估在国内的开展和推行。我国开展公共政策评估的时间较晚，关于评估法律依据的理论研究和实践探索仍处于初级阶段，专项法律法规和相关制度体系尚不完善，制约了公共政策评估工作的有序发展。

在评估法律制度体系建设方面，应尽快出台规范公共政策评估的相关法律法规，确立评估法律地位、相关主体之间权利义务关系，明确各级政府和政府部门制定和执行政策时应进行不同程度的评估工作，规范评估主体和客体的权力与责任，使公共政策评估在一套完善的法律制度框架下运行，提高评估的权威性，促进评估的规范化和程序化，克服评估工作的偶然性和随意性，减少施政过程中人为因素的干扰。

法律上，确立政策评估的地位。应研究制定和出台相关的法律、规章或指导性文件，确立重大政策评估的地位。一是健全重大政策事前评估和事后评价制度。在相关文件中明确各级政府制定的重大改革方案和重大政策措施在出台前要进行评估，政策实施中期和末期均需要进行考察和纠偏，并出具相关报告。同时，密切跟踪监测实施情况，有针对性地调整完善相关政策，确保其取得预期成效。政策执行完成后，要将政策设定的目标和实际取得效果进行对照分析，总结经验和不足。并在全国及各级人大会议上，政府需对政策执行状况进行汇报，提升人大监督作用。同时，健全重大政策事前评估和事后评价制度。二是规范细化评估内容。规范评估主体、客体的权力与责任，对评估原则、评估类型、评估程序、评估结果的使用和公开及评估机构、人

员组成、经费使用等做出明确规定，从法律上保证重大政策评估的地位，推动评估工作走上独立、规范和法治化的道路。

制度上，重视发挥人大和财政、审计、发改的独特作用。目前，我国内部评估主体主要以人大和财政部、审计署、发改委等部门为主导，但没有相关政策规定主体地位和义务。为此，对于各级政府颁布实施的政策，建议由同级人大常委会或其专门委员会负责组织评估，并对评估过程进行监督。任何一项重大政策的出台和实施，都需要财政资金的支持，都需要审计部门的参与，因此需重视发挥财政、审计等综合部门在重大政策评估中的监督、评价和推动作用。对于改革试点政策，需要以发改部门为主导，牵头部门负责，发布正式通知文件形式启动政策评估工作。

渠道上，畅通多主体参与政策制定。需要立法保障人民群众通过多种途径和形式参与决策，促进政府职能转变，使政策制定及时准确反映经济社会发展需要和人民意愿。评估流程由牵头部门负责，以发布正式通知文件形式启动政策评估工作，组织国务院各部门、各省（自治区、直辖市）、第三方评估机构及其他方面进行评估，牵头部门汇总形成评估报告后，上报国务院审核。同时，评估过程必要时要求开展第三方评估。形式上，制定事关经济社会发展全局和涉及群众切身利益的重大政策，要采取座谈会、听证会、公开征求社会意见、民意调查等多种方式广泛听取意见建议，涉及特定群体利益的政策，还要与相关人民团体、社会组织以及群众代表沟通协商。制定与市场主体生产经营密切相关的政策文件，要主动了解市场主体所急所需所盼，完善常态化政企沟通机制，把听取市场主体诉求和意见建议贯穿全过程。完善意见研究采纳反馈机制，对各方面提出的意见认真分析研究，吸收采纳合理意见，并以适当方式反馈说明。以畅通的政策制定参与渠道，切实保障市场主体和群众在政策制定中的知情权、参与权、表达权和监督权，提升政策的针对性和有效性，提高政府执行力和公信力。

规模上，有序推动政策评估全面展开。时间上，类似于人口普查，立法明确跟随五年计划，展开周期性评估，对全国重大政策实施情况进行跟踪，建立及时反馈网络。范围上，根据国情，建议政策评估应抓好试点，及时总结经验，以便稳步推进、逐步深化。当前应重点做好政策评估的试点工作，将主要精力集中在经济发展、社会公平、生态环境、民生建设等公众高度关注的重点领域进行有序推进。主体方面，强调政府指导与第三方评估相结合，选择若干家实力雄厚的评估专业机构接受政府委托开展评估工作，以尽快规范重大政策制定和实施的行政行为，提高政策的科学性和公众参与度。随着经验的积累，逐步拓展评估范围，并转向以第三方评估为主，同时进一步充实评估内容和公众参与强度。

经费上，提供必要的费用保障。重大政策评估是一项耗资较大且复杂的系统工程，需要各种专业人才参与，需要收集大量的资料和数据，经历较长时间的分析研究和评估过程，因此需要提供独立的经费保障。立法上，一方面应重视评估经费预算保障，确保政策评估拥有充足的财政资源。另一方面，政府文件中，在政策评估体系的建设中，可探索建立垂直的财政支持渠道，保障政策评估经费来源的独立性。

三、稳步推进我国重大政策评估主体多元化发展

推进评估主体的多元化不仅有助于提升评估效果，还能够提高评估过程中的公民参与度。独立的第三方研究主体能够为决策者提供更为客观、科学的评估结果，与所属政府的评估机构在评估领域和评估角度等多个维度上相互补充、相互制约。

评估组织和人员的专业化也是评估质量的重要保障之一，发达国家非常重视对公共政策评估专业人才的培养，充分发挥外部专家、专业咨询机构和技术支持部门在评估中的作用。如在法国政策评估人员都要接受资格认定，并承担评估法律责任，大学毕业生要经过专门的学习，通过严格的考核才能成为评估师。我国有必要加大评估专业人才的培养力度，通过学历教育和在职培训，提高评估人员的专业化水平；实施资格认定制度，规定从业条件，促进评估人才的职业化发展。

第一，增强对我国重大政策评估重要性的认识。思想是行动的指南，首先要破除对政策评估的错误认识，要让各级决策部门真正认识到评估工作的重要意义。政策评估是政策过程的重要组成部分，是实现政策科学化的重要保障，对决策部门及时解决政策执行有着重要意义。政策评估的最终目的是

实现决策科学化和民主化，减少政策失误和执行阻力，提高行政效率。同时，政策评估工作的改进要循序渐进地进行，要遵循政策执行的规律并在执行过程中不断完善。

第二，完善多主体评估制度。目前我国的政策评估方式主要是政府内部评估，需要进一步拓展公众参与和专家学者、大众传媒和民间组织的参与。我国评估涉及的主体主要分为三类：一是评估的决策责任者，二是评估的组织实施者，三是评估的参与者。原则上，政策评估可以由内部或者外部主体实施。组织实施评价的机构可以是机关自身、机关指定机构或者其下属的有关部门等内部主体，也可以是独立于机关的外部主体。这就形成了评估的内部模式和外部模式。内部模式实质上是由机关及其相关部门实施的自我评价，此时决策责任者和组织实施者为一体，属于第一方评估；外部模式则由第三方负责，属于第三方评估，决策责任者与组织实施者相分离。在实践中，两种模式都会吸收参与者进入评估场域，只是参与的程度不尽相同。

我国长期以来缺乏正式的公共政策评估组织，存在评估主体缺位的突出问题，现阶段我国的公共政策评估主体以官方内部评估主体为主，缺乏外部评估主体，缺乏社会组织和社会公众的参与。大多数政府部门在公共政策评估实践过程中，只是在系统内部通过自下而上的总结报告等形式对本部门或本系统工作进行总结评估，政策评估主体单一。由于缺乏专门的评估机构统筹组织公共政策评估，以政府内设机构评估为主，导致评估工作力度不够，特别是事中事后评估工作较薄弱。这将致使在公共政策评估过程中，只重视自身评价，忽视作为政府行为相对人的社会组织和社会公众的评价。

2013 年 9 月，国务院首次引入第三方评估，委托全国工商联对鼓励民间投资“新 36 条”的落实情况进行评估，这是历史上第一次小范围的第三方政策评估。2014 年年中，国务院在派出 8 个督察组分赴各地各部门全面督查的同时，委托 4 家机构开展第三方评估。2015 年，受国务院委托，全国工商联、中国国际经济交流中心及相关高校、研究机构等对简政放权和放管结合、支持小微企业、金融服务实体经济、区域协同发展等政策落实情况开展了评估，起到了发现政策问题、推动政策落实和督促提醒的作用。

第三，加强对政策评估主体的培训。为保证评估的科学性和有效性，需要对评估主体实施培训。一是加强对政府公务员的素质培训。可以通过定期培训、向他们介绍国内外成功案例等方法，使他们认识到评估的重要性，从思想上接受评估。政策评估是政策运行过程的必需环节，是政策实施效果的反馈和总结，可以为以后的政策制定和执行提供借鉴和保障。同时，要将评估工作纳入公务人员政绩考核，将评估工作进行得顺利与否与其待遇挂钩，严厉惩处敷衍了事、报喜不报忧的做法，使其在心理上可预期自己行为的后果。二是加强对公众的培训。要普及与政策有关的科技文化知识，排除公众对诸如科技政策的心理抵触，提升公众对政策的了解和科学性研究。在普及相关知识的同时，还应向公众代表讲解评估工作的法定程序，避免在评估开始之后秩序混乱或引起不必要的麻烦。从长期看，政府要定期通过学校、社区等途径向社会宣传最新的科技知识，使公众提前正确认识政策内容；同时向公众宣传政策评估的重要性，以提高公众的参与度。所以，对公众的培训内容包括两个方面：一是了解评估工作的程序，强化参与意识；二是掌握与政策相关的专业知识。也就是说，不仅要使政策本身为公众所接受，更要使公众知晓并遵守程序。

第四，保障评估主体独立性。很多业务部门既是政策制定者，也是实施者，要对政策实施效果负总责，在开展政策评估时或多或少存在“报喜不报忧”情况，以总结成绩、实施成效为主，在发现问题、剖析问题时避重就轻，或者过分强调客观原因。为此，在未来，要进一步规范官方的政策评估组织，强化其责任，同时要积极培育专业化的政策评估机构，大力发展民间的政策评估组织，使之逐渐成为政策评估的重要力量。除了专门的政策评估机构，媒体及社会公众也应该积极参与公共问题的发掘与公共政策的评估。坚持利益相关和代表性原则，增强公共政策评估主体的评估水平，提升政策评估的权威性和科学性。

第五，推动评估主体活动法制化。政策评估主体活动的法制化就是要使政策评估主体的法律地位、主体的评估行为、主体进行的评估结果一系列的活动通过制度确立下来，以此来保证政策的制定能够为全体人民服务。通过法制化进程的不断加快，保证政策评估的科学性与导向性，通过政策评估法制化的不断完善，政策评估中的评估主体、主体评估程序、主体评估方式方法等诸多影响因素成为制度，保证政策评估不失去其原有的真实性，因此，必须确立政策评估主体活动的法律地位，这就需要通过立法、行政法规、部门规章等形式，规范政策评估主体的权力与责任，规范政策评估客体的义务，规范政策评估主体在评估方法上的合理使用，规范政策评估主体其行为的公开到位，使政策评估真正能够成为政策实施的标准，使各项政策成为为老百姓谋福利的“风向标”。

我国公共政策评估工作发展较晚，其间难免会出现很多的问题和不足，这就需要我们在明确评估主体确立原则的基础上，不断地吸取国内外的先进经验，将先进的技术与经验与我国国情相结合，为我国政策评估事业的发展不断地努力，把政策评估事业不断推向前进，同时也为公共政策执行等各个环节的不断完善起到很好的促进作用。

四、探索我国重大评估体系的评估方法

我国评估方法的运用与先进国家相比还有较大差距，我国的评估方法局限于经验推理多、实证研究少，定性分析多、定量评估少，由于长期以来对定量分析方法的忽视，使得评估实践中对定量方法的运用较为欠缺，即使采用定量分析方法也多用于单一的经济绩效评估方面，缺乏对社会其他方面的综合因素量化评价，这在很大程度上影响了评估的信度和效度。针对这种状况，我国应提高外部评估主体的参与度，应当根据评估对象的具体情况，选择适当的方法和技术，并在实践中科学地加以运用，将事实分析与价值判断相结合，以提高评估的针对性和有效性。

由于重大政策出台往往适应于政府环境转变，在对重大政策进行总体评价的同时，还应对各项政策变量予以重点关注，确保政策能够按照要求施行，达到调节目的。具体包括：一是政策时机的选择。具体包括政策生效时间、执行周期等，政策执行关键考察时间维度的执行效率，综合考量政策情况。二是政策实施的地域性。根据我国区域发展特点，评估政策实施的空间范围是否适当，例如房地产税政策开展试点工作，应充分考虑不同地区房价，设置不同税率。三是监督手段的选择。为确保政策实施和监督政策效果，需要明确监督手段。针对不同的监督手段，效果和费用不同，应进行合理选择。

四是政策作用对象的差异性和政策执行的严格程度。政策执行的严格程度可以有差异，根据政策作用对象不同，评估政策预期执行的严格程度是否适当。五是市场导向的合理性。相对于直接行政干预，应更多强调市场导向的政策选择，以体现市场配置资源的决定性作用导向。

我国现有重大公共政策评估无论是官方评估还是第三方评估，大都基于目标一致性评估的方法，重在对发展规划目标的实现程度进行量化评价，而对于规划本身的合理性和规划目标的实现代价缺乏有效的评价；对于大量描述性、战略性的规划内容，在评估中也往往是仅凭政府或某些专家的定性判断，缺乏运用现代分析方法的科学论证。这就造成了多数评估报告的分析性不强，往往局限在文字陈述和少量统计数据，对一些问题及其成因的分析深度不够，提出的对策建议也往往流于一般化。为此，未来我国需形成非一致性目标评价、多元目标评估、定量和定性相结合、问责评估等方法，为重大政策有效实行保驾护航。

一是目标与结果非一致性，指重大政策评估中需要考虑政策与实施之间不一定存在线性关系的，政策决策和实行过程并不完全以目标为导向，而是以人民福祉为导向，例如，双减政策下，充分考虑人民受教育公平性和人民受教育成本，因地制宜实现教育公平发展，而不是“一刀切”急于完成任务目标。

二是多元目标评估方法是对重大政策执行效果评估，需要对政策前后对比、政策有无对比、目标结果对比、政策外部性测量等多样化指标体系进行充分考量。对于重大公共政策，在评估过程中，不应只关注于单一政策目标，采取多属性效用分析方法进行评估，实现政策能够切实落地、有效执行，通过政策评估，实现政府对执行的政策、对所确认问题的解决程度和影响程度，辨识政策效果的成因，最后通过优化政策运行机制的方式，强化和扩大政策效果。

三是定量和定性相结合开展重大政策评估。对于重大政策评估，通常采用实验控制法、问卷调查法、统计归纳法等定量分析方法为主，对于数据指标不足，难以量化的政策，可以采用定性分析辅助的方法。比如，对于“定向降准”政策，一方面需要采用银行贷款数据、企业融资数据、地区融资成本等指标对定向降准政策覆盖范围进行考察，对定向降准发放力度进行衡量；另一方面需要定性分析，通过走访企业，了解企业融资现状，观察企业经营状况，以直观感受衡量定向降准政策实施现状，为此，我们需要采用定量和定性相结合的方法对政策进行综合考量。

四是加强重大公共政策评估结果的问责性。在公共服务、环境生态和民生领域引入公众满意度评价，建立群众评价和反馈机制，不仅能够有效地衡量政府五年规划的实施效果，而且能够从根本上扭转地方政府的绩效导向，树立以人为本的政绩观。在条件允许的情况下，将规划的实施情况纳入各级党政领导班子和领导干部政绩考核中，将部门实施规划的执行情况纳入部门领导班子和领导干部的绩效考核中。同时，可以将规划实施绩效考核与中央地方巡视组的工作结合，作为全面评估地方工作的重要组成部分。

五、制定完善我国重大政策评估准则

评估标准是评判规划与公共政策实际效果的信号和指引，是测量规划与公共政策达成目标程度的基础，评估标准直接决定评估的方向和结果是否正确、是否科学、是否符合实际。发达国家的评估标准主要有事实标准和价值标准两类，其中事实标准主要包括政策投入与产出的比例、目标实现的程度与范围、对社会的影响程度等；价值标准主要包括是否满足大多数人的利益、是否有助于社会生产力的发展、是否坚持社会公正公平等。

长期以来由于优先发展经济思想的影响，我国的公共政策评估经济偏向性较强，过度强调经济增长而忽视了经济与社会、发展与环境的整体协调。因此，我国在制定评估标准的过程中，应该在关注效率和结果等技术型指标的基础上，加入更多体现人民群众对美好生活向往、社会公平、民主、公众反馈等价值导向型指标。与此同时，在评估政策实施是否实现预期效果的基础上，进一步评估这些效果是否符合政策接受者的意愿，是否在给予政策接受者利益的同时，损害了他们的权利或者社会价值原则，尽量避免政治因素的影响。同时，在评估内容方面，我国在坚持评估经济、外交和军事等事关国家安全与发展政策的同时，应加强对与国民生活紧密相关领域政策的评估，确保国民的生活质量随着经济社会发展得到不断提升，鼓励独立机构和高校基于自身特点，选取微观领域政策进行评估，并基于评估结果提出改善政府工作的对策建议。

基于我国重大政策评估理论，综合可持续发展理念，我国政策评估关注点应是政策影响而非政策输出，应对政策资源投入的适当性、各种资源使用的产出效率，政策实施的效果、影响和可持续性等进行评估，同时结合专家对政策理解，综合考虑专业结构和关注重点，应从合法性、有效性、可行性、效率、公平性、可持续性六方面建立系统化的评估模型。

合法性。制定政策的前提是合法，政策内容是否符合法律，是否与相关政策、法律法规协同一致，是进行评估的重要标准。另外，政策合法性还应考虑政策制定及实施过程的合法性，评估是否履行了必要的程序，这直接关系到公众的同意和支持。

有效性。有效性是政策评估的核心内容。政策必须能够解决所针对的具体问题。同时，评估还需判断在解决具体问题的诸多可能方案中，本项政策所选择的方案是否为最优方案，进行多方案比较和择优。

可行性。政策的可行性评估，一是评估政策本身的执行难度，包括政策本身的复杂性和参与者范围等是否易于掌握；二是评估政策实施主体的执行能力，是否具有必要的授权和执行力，能否理解并准确贯彻该项政策等。

效率。政策效率是为实现政策目标而投入资源与取得效果之间的对应关系。效率分析一般采用成本—效益分析法（Cost-Benefit Analysis，CBA）和成本—效果分析法。这里的费用是政策的制定和实施所付出的所有代价，效果或效益应为政策的实施所带来的各种结果，包括经济的和非经济的，定性的和定量的，直接的和间接的，当前的和未来的，正面的和负面的代价和结果。

公平性。任何一个政策问题，都会涉及或多或少的利害关系人，在政策评估过程中，要通过利益相关者分析，考虑贡献和受益是否相等，社会资源、政府资源和公共服务在社会不同阶层和群体之间是否得到公正配置，特别是要合理规避社会风险。

可持续性。重大政策不仅要适应当时环境，而且能够随着环境的变化而灵活做出调整，在评估中应分析判断政策在预计的时间内能否适应变化，持续发挥作用。

六、引导公众积极合理参与我国重大政策评估

发达国家通过提高评估工作的透明度来降低政策实施风险，在扩大公众参与方面有很多值得借鉴的措施。为消除政策评估过程中普遍存在的利益相关方信息不对称等情况，不少国家不断尝试提高政策评估的透明度，以保证公众的知情权，如建立功能较为完善的信息系统与信息采集分析程序，用以满足公共政策评估的信息处理要求；建立信息公开机制，将评估进展通过特定、规范的渠道向社会公开；健全政策评估的问询和反馈制度等。

公共政策的内涵从内容上表现为其对社会价值的分配和对公共目的与公共利益的追求，其根本社会属性就是它的公共性，因此要求公共政策评估更多地关注政策目标人群的切身利益，在评估过程中增加透明度，扩大公众的参与。公开透明的评估过程和结果可以保证评估的客观性、提高评估质量，有利于真正实现公共政策制定过程和执行过程的责、权、利相统一。

培育独立的第三方评估主体。鼓励发展社会化的政策评估专业机构和中介组织，探索政策评估第三方专业机构的资质管理，规范评估程序、工作导则和评估标准，不做具体内容上的限定，充分保障第三方评估过程的独立性，确保评估结论的科学性、客观性和公信力。

鼓励和引导公众积极参与。在公共服务、环境生态和民生领域引入公众满意度评价，建立群众评价和反馈机制。市县层面公共政策最贴近人民生活，评估时应多采取听证会、公众满意度调查等形式，尽量多地直接听取本地居民意见；技术性、专业性较强的公共政策，应多听取相关领域专家意见。同时，积极发挥行业协会商会和社会组织在公共政策评估中的作用。

参考文献

[1] 彭忠益，石玉．中国政策评估研究二十年（1998—2018）：学术回顾与研究展望 [J]. 北京行政学院学报，2019（02）.

[2] 李进萍．公共政策评估中定量分析方法的运用与反思 [J]. 区域治理，2019（44）.

[3] 余向荣．公共政策评估的社会实验方法：理论综述 [J]. 经济评论，2006（02）.

[4] 蓝志勇．全景式综合理性与公共政策制定 [J]. 中国行政管理，2017（02）.

[5] 吴先宁，修福金，张献生等．关于上海市闵行区推行“公共政策评估”项目的调研报告 [J]. 团结，2014，（05）.

[6] 王礼鑫．我国公共政策评估制度的构建——基于闵行经验的思考 [J]. 行政论坛，2015，22（04）.

[7] 李志军．重大公共政策评估理论、方法与实践 [M]. 北京：中国发展出版社，2013.

[8] 杜文静，张茂聪．县域基础教育政策评估问题与路径选择——基于国际经验和我国教育政策评估的现实 [J]. 西北师大学学报（社会科学版），2016，53（02）.

[9] 范永茂．重塑公众主体地位：地方政府绩效评估之主体构建问题 [J]. 中国行政管理，2012（07）.

[10] 石婧，艾小燕，操子宜．大数据是否能改进公共政策分析？——基于系统文献综述的研究 [J]. 情报杂志，2018，37（02）.

[11] 黄其松．结构重塑与流程再造：大数据时代政府治理体系转型 [J]. 贵州社会科学，2018（01）.

[12] 陈彦斌 . 宏观经济政策评价的意义与框架 [J]. 中国金融，2021（101）.

[13] 巩潇泫 . 多层治理视角下欧盟气候政策决策研究 [M]. 天津：天津人民出版社，2018.

[14] 和经纬 . 中国公共政策评估研究的方法论取向：走向实证主义 [J]. 中国行政管理，2008（09）.

[15] 方易，弗兰克·费希尔 . 公共政策评估 [J]. 公共管理评论，2013，15（02）.

[16] 王瑞祥 . 政策评估的理论、模型与方法 [J]. 预测，2003（03）.

[17] 高兴武 . 公共政策评估：体系与过程 [J]. 中国行政管理，2008（02）.

[18] 杨存，高羽，陈功等 . 公共政策评价核心指标体系构建的理论及方法 [J]. 中国卫生经济，2011，30（08）.

[19] 贾凌民 . 政府公共政策绩效评估研究 [J]. 中国行政管理，2013（03）.

[20] 蒋硕亮 . 论公共政策体系与政策能力现代化 [J]. 武汉科技大学学报（社会科学版），2021，23（04）.

[21] 应晓妮，吴有红，徐文舸，何淑华 . 政策评估方法选择和指标体系构建 [J]. 宏观经济管理，2021，（04）.

[22] 杨志新，高翔，张庆，张狄 . 大数据框架下公共政策实施评估研究 [J]. 计算机时代，2021（01）.

[23] 李志军，李逸飞，王群光 . 日本、韩国、南非政策评估的经验、做法及启示 [J]. 财经智库，2020，5（06）.

[24] 谢帆 . 公共政策评估的理论与方法 [J]. 经济研究导刊，2020（07）.

[25] 李进萍 . 公共政策评估中定量分析方法的运用与反思 [J]. 区域治理，2019（44）.

[26] 汤丁 . 以政府为主体的政策评估的质量效益研究 [J]. 宏观经济管理，2019（08）.

[27] 陈家刚 . 大数据时代的公共政策评估研究：挑战、反思与应对策略 [J]. 河南社会科学，2019，27（08）.

[28] 彭忠益，石玉 . 中国政策评估研究二十年（1998—2018）：学术回顾与研究展望 [J]. 北京行政学院学报，2019（02）.

[29] 高园 . 公共政策执行力定量评估：价值与方法探论 [J]. 经济研究导刊，

2019（05）.

[30] 刘文娜 . 当前我国公共政策绩效评估中存在的问题及对策 [J]. 文存阅刊，2018（17）.

[31] 朱思奕 . 公共政策评估研究综述——基于 1998—2016 年 CSSCI 期刊的分析 [J]. 广西民族师范学院学报，2018，35（03）.

[32] 袁娜，韩小威 . 我国公共政策评估存在的问题及其完善研究 [J]. 农村经济与科技，2018，29（10）.

[33] 孙超 . 我国公共政策的价值导向评估研究 [D]. 衡阳：南华大学，2018.

[34] 叶厚元，顾娟 . 基于过程控制的公共政策评估理论与方法探索 [J]. 中国公共政策评论，2017，13（02）.

[35] 赵启霖 . 我国公共政策第三方评估研究 [D]. 武汉：华中师范大学，2017.

[36] 赵韵玲 . 公共政策过程中的价值取向研究 [J]. 改革与战略，2016，32（09）.

[37] 隆国强，高妍蕊，张倪 . 科学的评估方法是公共政策制定的关键 [J]. 中国发展观察，2016（16）.

[38] 推动公共政策评估 助力国家治理现代化 [J]. 中国发展观察，2016，（15）.

[39] 孙立成 . 我国公共政策评估的现状及发展路径 [J]. 产业与科技论坛，2016，15（13）.

[40] 刘星 . 我国公共政策评估发展面临的困境及对策研究 [J]. 商，2016（16）.

[41] 王琪 . 公共政策评估中的公众参与问题及对策研究 [D]. 长沙：湖南大学，2016.

[42] 李伟 . 公共政策评估：发达国家“抓落实”的一把“利剑”[J]. 秘书工作，2016（01）.

[43] 罗菊 . 公共政策效果评估的多重困境及实现路径 [J]. 商，2015（45）.

[44] 李伟 . 坚持专业性、科学性和开放性理念实现政策评估的客观、公正与准确 [J]. 管理世界，2015（08）.

[45] 张璞玉 . 上海市闵行区政策评估制度构建研究 [D]. 上海：上海师范

大学，2015.

[46] 廉尔力 . 公共政策评估内涵新探 [J]. 中共山西省直机关党校学报，2015（02）.

[47] 杨慧珍 . 我国公共政策评估主体的缺陷及对策分析 [J]. 山西青年职业学院学报，2015，28（01）.

[48] 覃耀坚 . 我国公共政策评估存在的问题及其对策研究 [J]. 大众科技，2015，17（01）.

[49] 吴先宁等本课题编写组 . 关于上海市闵行区推行“公共政策评估”项目的调研报告 [J]. 团结，2014（05）.

[50] 高小泉 . 我国公共政策评估存在的问题及其完善措施 [J]. 人才资源开发，2014（14）.

[51] 赵莉晓 . 创新政策评估理论方法研究——基于公共政策评估逻辑框架的视角 [J]. 科学学研究，2014，32（02）.

[52] 陈军 . 政策评估的中外比较研究 [J]. 科技管理研究，2014，34（02）.

[53] 张智涵 . 试论我国公共政策的价值取向 [J]. 法制与社会，2014，（02）.

[54] 李文涛，马启秀 . 我国发展独立第三方公共政策评估机构论析 [J]. 贵阳市委党校学报，2013（04）.

[55] 崔义中，白佳泠 . 我国政策评估存在的问题及对策 [J]. 价值工程，2013，32（09）.

[56] 中国行政管理学会课题组，贾凌民 . 政府公共政策绩效评估研究 [J]. 中国行政管理，2013（03）.

[57] 陈庆云主编 . 公共政策分析（第二版）[M]. 北京：北京大学出版社，2011.

[58] 张霭珠，陈力君 . 定量分析方法 [M]. 上海：复旦大学出版社，2003.

[59]【美】苏珊 · 韦尔奇，约翰 · 科默 . 公共管理中的量化方法：技术与应用（第三版）[M]. 北京：中国人民大学出版社，2003.

[60]【美】肯尼斯 · J. 迈耶，杰里弗 · L. 布鲁德尼 . 公共管理中的应用统计学（第五版）[M]. 中国人民大学出版社，2004.

[61]Imas，Linda G.Morra/ Rist，Ray C.The Road to Results：Designing and

Conducting Effective Development Evaluations，2009.

[62] 牟杰，杨诚虎 . 公共政策评估：理论与方法 [M]. 北京：中国社会科学出版社，2006.

[63] 李志军主编 . 重大公共政策评估：理论、方法与实践 [M]. 北京：中国发展出版社，2013.

[64] 施宗伟 . 欧盟、美国、日本政策评估法规文件汇编 [M]. 广州：广东人民出版社，2020.

[65] 魏传忠 . 欧盟政策影响评估 [M]. 北京：中国质检出版社，2014.

后记

从学生时代起，我就与国际合作结下了不解之缘，工作也大部分和国际合作有关。经过多年的思考与实践，我认识到，从事政策评估、打通政策制定实施全环节，需要借鉴国际经验，但更需要结合自身情况。在本书写作过程中，始终遵循这一原则，立足我国国情，思考如何构建我国重大政策评估体系，构建我国重大政策评估体系是一个宏大的命题，本书只是破题的开始。

在本书的撰写过程中，孙彦明同志为我提供了宝贵的材料，鲍淑君、李东、汤丁、周思畅、陈超、许潆方、张津硕、李昊、方彬、祝启康、杨佳明同志也给予大力帮助，在此一并表示感谢。